KB195094

REAL ORIGINAL

수능기출학력평가 3개년 모의고사

고3 수학

공통+선택 [미적분]

Contents

※ 6월·9월 모의평가와 수능은 표기 명칭과 시행 연도가 다릅니다.
예 2024학년도 6월 모의평가는? ➡ 2023년도 6월에 시행!

수능 모의고사 전문 출판
입시플라이

강력한 해설로 새롭게 출시된 「2024 리얼 오리지널」

혼자서도 학습이 충분하도록 문제 속 핵심 단서를 단계별 풀이로 알려주며, 문제 해결 꿀~팁까지 해설을 전면 보강했습니다.

01 실제 시험지와 똑같은 문제지

고3 수학 수능기출 학력평가는 총 17회분의 문제가 수록되어 있으며, 실전과 동일하게 학습할 수 있습니다.

❶ 리얼 오리지널 모의고사는 실제 시험지의 크기와 느낌을 그대로 살려 실전과 동일한 조건 속에서 문제를 풀어 볼 수 있습니다.

❷ 문제를 풀기 전에 먼저 학습 체크표에 학습 날짜와 시간을 기록하고, [100분] 타이머를 작동해 실전처럼 풀어 보십시오.

02 2025 수능 + 학력평가 대비

2025학년도 수능시험과 연 4회 [3월·4월·7월·10월] 시행되는 학력평가를 대비해 학습할 수 있습니다.

❶ 2025 수능을 대비해 2024 불수능을 포함한 최신 3개년 수능 기출 문제는 반드시 필수로 풀어 봐야합니다.

❷ 월별로 시행되는 학력평가를 대비해 9회분 문제를 풀어 보면 수능 시험에서도 실력을 마음껏 발휘할 수 있습니다.

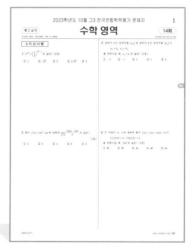

03 공통 + 선택(미적분)만 수록

신수능 체제와 동일하게 공통+선택(미적분) 과목을 수록했으며, 선택 과목별로 발간을 했습니다.

❶ 수능 수학에서 내가 선택한 과목만을 학습할 수 있도록 했으며 과목의 섹션화로 집중학습이 가능합니다.

❷ 내가 선택하지 않은 과목이 포함되어 있으면 내용면에서 부담이 될 수 있지만 선택한 과목만 학습할 수 있어 효율성이 높습니다.

★ 모의고사를 실전과 똑같이 풀어보면
내 실력과 점수는 반드시 올라갈 수밖에 없습니다.

04

단계적 해설 & 문제 해결 꿀 팁

혼자서도 학습이 충분하도록 자세한 [단계적 해설]과 함께
고난도 문제는 문제 해결 꿀~팁까지 수록을 했습니다.

❶ 문제 속 핵심 단서를 제시해주는 **단계별 STEP 풀이**가 수록되어
있으며, 일부 문항은 다른 풀이까지 수록했습니다.

❷ 수학에서 등급을 가르는 **고난도 문제**는 많이 틀린 이유와 함께
문제 해결 꿀 팁까지 명쾌한 해설을 수록했습니다.

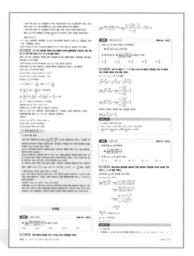

05

SPEED 정답 체크 표 & 등급 컷

빠르게 정답을 확인할 수 있는 정답 체크 표와 문제를 푼 후
등급을 확인 할 수 있는 등급 컷을 제공합니다.

❶ 회차별로 문제를 푼 후 빠르게 **정답을 확인**할 수 있는 SPEED
정답 체크 표를 제공하며, 오려서 책갈피로도 사용할 수 있습니다.

❷ 문제를 푼 후 바로 자신의 실력과 모의고사에서 상대적 위치를
확인할 수 있도록 **등급 컷**을 제공합니다.

06

실전과 동일한 OMR 체크카드

정답 마킹을 위한 OMR 체크카드는 실전력을 높여주며 부록
형태로 모의고사 문제편 뒷부분에 수록되었습니다.

❶ OMR 체크카드는 **실전과 동일한 형태**로 제공되며, 모의고사에서
마킹 연습은 또 하나의 실전 연습입니다.

❷ 답을 밀려 썼을 때 교체하는 연습도 중요하며, 추가로 OMR 체크
카드가 필요하면 홈페이지 자료실에서 다운로드 받을 수 있습니다.

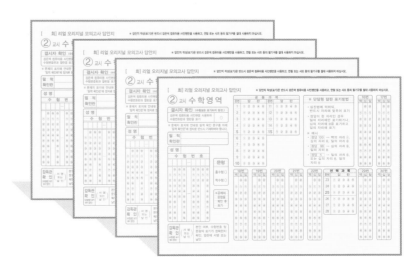

STUDY 플래너 & 등급 컷

① 문제를 풀기 전 먼저 〈학습 체크표〉에 학습 날짜와 시간을 기록하세요.
② 회분별 기출 문제는 영역별로 정해진 시간 안에 푸는 습관을 기르세요.
③ 정답 확인 후 점수와 등급을 적고 성적 변화를 체크하면서 학습 계획을 세우세요.
④ 리얼 오리지널은 실제 수능 시험과 똑같이 학습하는 교재이므로 실전을 연습하는 것처럼 문제를 풀어 보세요.

● 수학영역 | 시험 개요

문항 수	문항당 배점	문항별 점수 표기	원점수 만점	시험 시간	문항 형태
30문항	2점, 3점, 4점	• 각 문항 끝에 점수 표기	100점	100분	5지 선다형, 단답형

● 수학영역(공통+미적분) | 등급 컷 원점수

회분	학습 날짜	학습 시간	틀린 문제	채점 결과		등급 컷 원점수							
				점수	등급	1등급	2등급	3등급	4등급	5등급	6등급	7등급	8등급
01회 2023학년도 3월	월 일	시 분 ~ 시 분				77	66	55	38	23	15	12	7
02회 2022학년도 3월	월 일	시 분 ~ 시 분				76	63	48	34	21	15	11	8
03회 2021학년도 3월	월 일	시 분 ~ 시 분				80	69	54	37	23	15	11	8
04회 2023학년도 4월	월 일	시 분 ~ 시 분				73	63	55	42	26	17	12	9
05회 2022학년도 4월	월 일	시 분 ~ 시 분				76	64	53	37	22	14	11	7
06회 2024학년도 6월	월 일	시 분 ~ 시 분				80	72	61	47	30	16	10	5
07회 2023학년도 6월	월 일	시 분 ~ 시 분				84	76	65	51	33	17	13	9
08회 2022학년도 6월	월 일	시 분 ~ 시 분				85	75	64	51	30	15	10	6
09회 2023학년도 7월	월 일	시 분 ~ 시 분				77	67	56	43	25	14	10	8
10회 2022학년도 7월	월 일	시 분 ~ 시 분				81	72	60	45	29	18	13	7
11회 2024학년도 9월	월 일	시 분 ~ 시 분				89	78	66	54	41	23	15	10
12회 2023학년도 9월	월 일	시 분 ~ 시 분				84	75	65	52	33	15	10	6
13회 2022학년도 9월	월 일	시 분 ~ 시 분				84	74	64	51	29	12	7	3
14회 2023학년도 10월	월 일	시 분 ~ 시 분				81	70	59	43	22	11	7	3
15회 2022학년도 10월	월 일	시 분 ~ 시 분				77	65	55	39	21	15	10	7
16회 2024학년도 수능	월 일	시 분 ~ 시 분				84	75	65	52	34	19	14	10
17회 2023학년도 수능	월 일	시 분 ~ 시 분				85	76	64	51	31	16	10	6

※ 등급 컷 원점수는 추정치입니다. 실제와 다를 수 있으니 학습 참고용으로 활용하십시오.

수학 영역

5 지 선 다 형

1. $\sqrt[3]{8} \times \dfrac{2^{\sqrt{2}}}{2^{1+\sqrt{2}}}$ 의 값은? [2점]

① 1 ② 2 ③ 4 ④ 8 ⑤ 16

2. 함수 $f(x) = 2x^3 - x^2 + 6$에 대하여 $f'(1)$의 값은? [2점]

① 1 ② 2 ③ 3 ④ 4 ⑤ 5

3. 등비수열 $\{a_n\}$이

$$a_5 = 4, \quad a_7 = 4a_6 - 16$$

을 만족시킬 때, a_8의 값은? [3점]

① 32 ② 34 ③ 36 ④ 38 ⑤ 40

4. 다항함수 $f(x)$가 모든 실수 x에 대하여

$$\int_1^x f(t)dt = x^3 - ax + 1$$

을 만족시킬 때, $f(2)$의 값은? (단, a는 상수이다.) [3점]

① 8 ② 10 ③ 12 ④ 14 ⑤ 16

5. $\cos(\pi+\theta)=\dfrac{1}{3}$ 이고 $\sin(\pi+\theta)>0$일 때, $\tan\theta$의 값은? [3점]

① $-2\sqrt{2}$ ② $-\dfrac{\sqrt{2}}{4}$ ③ 1

④ $\dfrac{\sqrt{2}}{4}$ ⑤ $2\sqrt{2}$

6. 함수

$$f(x)=\begin{cases} x^2-ax+1 & (x<2) \\ -x+1 & (x\ge 2) \end{cases}$$

에 대하여 함수 $\{f(x)\}^2$이 실수 전체의 집합에서 연속이 되도록 하는 모든 상수 a의 값의 합은? [3점]

① 5 ② 6 ③ 7 ④ 8 ⑤ 9

7. 함수 $y=|x^2-2x|+1$의 그래프와 x축, y축 및 직선 $x=2$로 둘러싸인 부분의 넓이는? [3점]

① $\dfrac{8}{3}$ ② 3 ③ $\dfrac{10}{3}$ ④ $\dfrac{11}{3}$ ⑤ 4

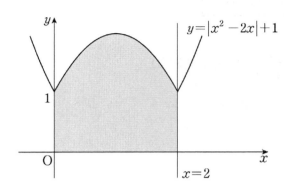

8. 두 점 $A(m, m+3)$, $B(m+3, m-3)$에 대하여 선분 AB를 $2:1$로 내분하는 점이 곡선 $y=\log_4(x+8)+m-3$ 위에 있을 때, 상수 m의 값은? [3점]

① 4　　② $\dfrac{9}{2}$　　③ 5　　④ $\dfrac{11}{2}$　　⑤ 6

9. 함수 $f(x)=\left|x^3-3x^2+p\right|$는 $x=a$와 $x=b$에서 극대이다. $f(a)=f(b)$일 때, 실수 p의 값은? (단, a, b는 $a\neq b$인 상수이다.) [4점]

① $\dfrac{3}{2}$　　② 2　　③ $\dfrac{5}{2}$　　④ 3　　⑤ $\dfrac{7}{2}$

10. 공차가 양수인 등차수열 $\{a_n\}$이 다음 조건을 만족시킬 때, a_{10}의 값은? [4점]

(가) $|a_4|+|a_6|=8$

(나) $\displaystyle\sum_{k=1}^{9} a_k=27$

① 21　　② 23　　③ 25　　④ 27　　⑤ 29

11. 그림과 같이 $\angle BAC = 60°$, $\overline{AB} = 2\sqrt{2}$, $\overline{BC} = 2\sqrt{3}$ 인 삼각형 ABC가 있다. 삼각형 ABC의 내부의 점 P에 대하여 $\angle PBC = 30°$, $\angle PCB = 15°$ 일 때, 삼각형 APC의 넓이는? [4점]

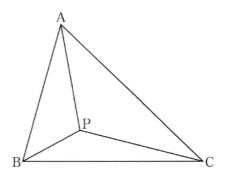

① $\dfrac{3+\sqrt{3}}{4}$　　② $\dfrac{3+2\sqrt{3}}{4}$　　③ $\dfrac{3+\sqrt{3}}{2}$

④ $\dfrac{3+2\sqrt{3}}{2}$　　⑤ $2+\sqrt{3}$

12. 곡선 $y = x^2$ 과 기울기가 1인 직선 l이 서로 다른 두 점 A, B에서 만난다. 양의 실수 t에 대하여 선분 AB의 길이가 $2t$가 되도록 하는 직선 l의 y절편을 $g(t)$라 할 때, $\lim_{t \to \infty} \dfrac{g(t)}{t^2}$ 의 값은? [4점]

① $\dfrac{1}{16}$　　② $\dfrac{1}{8}$　　③ $\dfrac{1}{4}$　　④ $\dfrac{1}{2}$　　⑤ 1

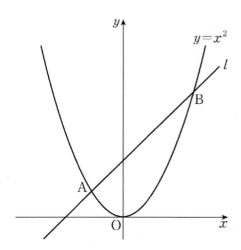

13. 두 함수

$$f(x)=x^2+ax+b, \quad g(x)=\sin x$$

가 다음 조건을 만족시킬 때, $f(2)$의 값은?
(단, a, b는 상수이고, $0 \le a \le 2$이다.) [4점]

(가) $\{g(a\pi)\}^2=1$

(나) $0 \le x \le 2\pi$일 때, 방정식 $f(g(x))=0$의
모든 해의 합은 $\dfrac{5}{2}\pi$이다.

① 3   ② $\dfrac{7}{2}$ ③ 4   ④ $\dfrac{9}{2}$ ⑤ 5

14. 세 양수 a, b, k에 대하여 함수 $f(x)$를

$$f(x)=\begin{cases} ax & (x<k) \\ -x^2+4bx-3b^2 & (x \ge k) \end{cases}$$

라 하자. 함수 $f(x)$가 실수 전체의 집합에서 미분가능할 때,
<보기>에서 옳은 것만을 있는 대로 고른 것은? [4점]

─── < 보 기 > ───

ㄱ. $a=1$이면 $f'(k)=1$이다.

ㄴ. $k=3$이면 $a=-6+4\sqrt{3}$ 이다.

ㄷ. $f(k)=f'(k)$이면 함수 $y=f(x)$의 그래프와 x축으로
   둘러싸인 부분의 넓이는 $\dfrac{1}{3}$이다.

① ㄱ   ② ㄱ, ㄴ   ③ ㄱ, ㄷ
④ ㄴ, ㄷ   ⑤ ㄱ, ㄴ, ㄷ

15. 모든 항이 자연수인 수열 $\{a_n\}$이 모든 자연수 n에 대하여

$$a_{n+2} = \begin{cases} a_{n+1} + a_n & (a_{n+1} + a_n \text{이 홀수인 경우}) \\ \dfrac{1}{2}(a_{n+1} + a_n) & (a_{n+1} + a_n \text{이 짝수인 경우}) \end{cases}$$

를 만족시킨다. $a_1 = 1$일 때, $a_6 = 34$가 되도록 하는 모든 a_2의 값의 합은? [4점]

① 60 ② 64 ③ 68 ④ 72 ⑤ 76

단 답 형

16. $\log_2 96 - \dfrac{1}{\log_6 2}$의 값을 구하시오. [3점]

17. 직선 $y = 4x + 5$가 곡선 $y = 2x^4 - 4x + k$에 접할 때, 상수 k의 값을 구하시오. [3점]

18. n이 자연수일 때, x에 대한 이차방정식

$$x^2 - 5nx + 4n^2 = 0$$

의 두 근을 α_n, β_n이라 하자.

$\displaystyle\sum_{n=1}^{7}(1-\alpha_n)(1-\beta_n)$의 값을 구하시오. [3점]

19. 시각 $t=0$일 때 동시에 원점을 출발하여 수직선 위를 움직이는 두 점 P, Q의 시각 $t\,(t \geq 0)$에서의 속도가 각각

$$v_1(t) = 3t^2 - 15t + k, \quad v_2(t) = -3t^2 + 9t$$

이다. 점 P와 점 Q가 출발한 후 한 번만 만날 때, 양수 k의 값을 구하시오. [3점]

20. 최고차항의 계수가 1이고 $f(0)=1$인 삼차함수 $f(x)$와 양의 실수 p에 대하여 함수 $g(x)$가 다음 조건을 만족시킨다.

> (가) $g'(0)=0$
>
> (나) $g(x) = \begin{cases} f(x-p) - f(-p) & (x < 0) \\ f(x+p) - f(p) & (x \geq 0) \end{cases}$

$\displaystyle\int_{0}^{p} g(x)dx = 20$일 때, $f(5)$의 값을 구하시오. [4점]

21. 그림과 같이 1보다 큰 두 실수 a, k에 대하여 직선 $y=k$가 두 곡선 $y=2\log_a x+k$, $y=a^{x-k}$과 만나는 점을 각각 A, B라 하고, 직선 $x=k$가 두 곡선 $y=2\log_a x+k$, $y=a^{x-k}$과 만나는 점을 각각 C, D라 하자. $\overline{AB}\times\overline{CD}=85$이고 삼각형 CAD의 넓이가 35일 때, $a+k$의 값을 구하시오. [4점]

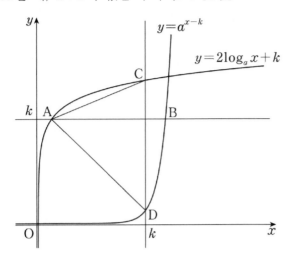

22. 최고차항의 계수가 1인 사차함수 $f(x)$가 있다.
실수 t에 대하여 함수 $g(x)$를 $g(x)=|f(x)-t|$라 할 때,
$\displaystyle\lim_{x\to k}\dfrac{g(x)-g(k)}{|x-k|}$의 값이 존재하는 서로 다른 실수 k의 개수를 $h(t)$라 하자.
함수 $h(t)$는 다음 조건을 만족시킨다.

(가) $\displaystyle\lim_{t\to 4+}h(t)=5$

(나) 함수 $h(t)$는 $t=-60$과 $t=4$에서만 불연속이다.

$f(2)=4$이고 $f'(2)>0$일 때, $f(4)+h(4)$의 값을 구하시오. [4점]

★ 확인 사항

○ 답안지의 해당란에 필요한 내용을 정확히 기입(표기)했는지 확인하시오.

○ 이어서, 「선택과목(미적분)」 문제가 제시되오니, 자신이 선택한 과목인지 확인하시오.

5 지 선 다 형

23. $\lim_{n \to \infty} \dfrac{(2n+1)(3n-1)}{n^2+1}$ 의 값은? [2점]

① 3   ② 4   ③ 5   ④ 6   ⑤ 7

24. 수열 $\{a_n\}$이 모든 자연수 n에 대하여

$$3^n - 2^n < a_n < 3^n + 2^n$$

을 만족시킬 때, $\lim_{n \to \infty} \dfrac{a_n}{3^{n+1}+2^n}$ 의 값은? [3점]

① $\dfrac{1}{6}$ ② $\dfrac{1}{3}$ ③ $\dfrac{1}{2}$ ④ $\dfrac{2}{3}$ ⑤ $\dfrac{5}{6}$

25. 등차수열 $\{a_n\}$에 대하여

$$\lim_{n\to\infty}\frac{a_{2n}-6n}{a_n+5}=4$$

일 때, a_2-a_1의 값은? [3점]

① -1 ② -2 ③ -3 ④ -4 ⑤ -5

26. 두 수열 $\{a_n\}$, $\{b_n\}$에 대하여

$$\lim_{n\to\infty}(n^2+1)a_n=3, \quad \lim_{n\to\infty}(4n^2+1)(a_n+b_n)=1$$

일 때, $\lim_{n\to\infty}(2n^2+1)(a_n+2b_n)$의 값은? [3점]

① -3 ② $-\dfrac{7}{2}$ ③ -4 ④ $-\dfrac{9}{2}$ ⑤ -5

27. $a_1 = 3$, $a_2 = -4$인 수열 $\{a_n\}$과 등차수열 $\{b_n\}$이 모든 자연수 n에 대하여

$$\sum_{k=1}^{n} \frac{a_k}{b_k} = \frac{6}{n+1}$$

을 만족시킬 때, $\lim_{n \to \infty} a_n b_n$의 값은? [3점]

① -54　② $-\dfrac{75}{2}$　③ -24　④ $-\dfrac{27}{2}$　⑤ -6

28. $a > 0$, $a \neq 1$인 실수 a와 자연수 n에 대하여 직선 $y = n$이 y축과 만나는 점을 A_n, 직선 $y = n$이 곡선 $y = \log_a(x-1)$과 만나는 점을 B_n이라 하자. 사각형 $A_n B_n B_{n+1} A_{n+1}$의 넓이를 S_n이라 할 때,

$$\lim_{n \to \infty} \frac{\overline{B_n B_{n+1}}}{S_n} = \frac{3}{2a+2}$$

을 만족시키는 모든 a의 값의 합은? [4점]

① 2　② $\dfrac{9}{4}$　③ $\dfrac{5}{2}$　④ $\dfrac{11}{4}$　⑤ 3

단 답 형

29. 자연수 n에 대하여 x에 대한 부등식 $x^2 - 4nx - n < 0$을 만족시키는 정수 x의 개수를 a_n이라 하자. 두 상수 p, q에 대하여

$$\lim_{n \to \infty} \left(\sqrt{na_n} - pn \right) = q$$

일 때, $100pq$의 값을 구하시오. [4점]

30. 함수

$$f(x) = \lim_{n \to \infty} \frac{x^{2n+1} - x}{x^{2n} + 1}$$

에 대하여 실수 전체의 집합에서 정의된 함수 $g(x)$가 다음 조건을 만족시킨다.

$2k - 2 \leq |x| < 2k$일 때,

$$g(x) = (2k-1) \times f\left(\frac{x}{2k-1} \right)$$

이다. (단, k는 자연수이다.)

$0 < t < 10$인 실수 t에 대하여 직선 $y = t$가 함수 $y = g(x)$의 그래프와 만나지 않도록 하는 모든 t의 값의 합을 구하시오.

[4점]

---

* 확인 사항

○ 답안지의 해당란에 필요한 내용을 정확히 기입(표기)했는지 확인 하시오.

수학 영역

제 2 교시

● 문항수 30개 | 배점 100점 | 제한 시간 100분

● 배점은 2점, 3점 또는 4점

5 지 선 다 형

1. $\left(3\sqrt{3}\right)^{\frac{1}{3}} \times 3^{\frac{3}{2}}$의 값은? [2점]

① 1   ② $\sqrt{3}$ ③ 3   ④ $3\sqrt{3}$ ⑤ 9

2. 함수 $f(x)=x^3+2x^2+3x+4$에 대하여 $f'(-1)$의 값은? [2점]

① 1   ② 2   ③ 3   ④ 4   ⑤ 5

3. 등차수열 $\{a_n\}$에 대하여

$$a_4=6, \quad 2a_7=a_{19}$$

일 때, a_1의 값은? [3점]

① 1   ② 2   ③ 3   ④ 4   ⑤ 5

4. 함수 $y=f(x)$의 그래프가 그림과 같다.

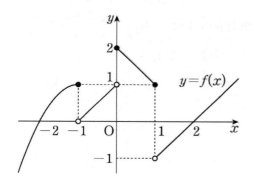

$\lim\limits_{x\to-1+} f(x)+\lim\limits_{x\to1-} f(x)$의 값은? [3점]

① -2 ② -1 ③ 0   ④ 1   ⑤ 2

5. $\dfrac{\pi}{2} < \theta < \pi$인 θ에 대하여 $\cos\theta\tan\theta = \dfrac{1}{2}$일 때, $\cos\theta + \tan\theta$의 값은? [3점]

① $-\dfrac{5\sqrt{3}}{6}$ ② $-\dfrac{2\sqrt{3}}{3}$ ③ $-\dfrac{\sqrt{3}}{2}$

④ $-\dfrac{\sqrt{3}}{3}$ ⑤ $-\dfrac{\sqrt{3}}{6}$

6. 함수 $f(x) = 2x^2 - 3x + 5$에서 x의 값이 a에서 $a+1$까지 변할 때의 평균변화율이 7이다. $\displaystyle\lim_{h \to 0}\dfrac{f(a+2h) - f(a)}{h}$의 값은? (단, a는 상수이다.) [3점]

① 6   ② 8   ③ 10   ④ 12   ⑤ 14

7. 그림과 같이 곡선 $y = x^2 - 4x + 6$ 위의 점 A$(3,\ 3)$에서의 접선을 l이라 할 때, 곡선 $y = x^2 - 4x + 6$과 직선 l 및 y축으로 둘러싸인 부분의 넓이는? [3점]

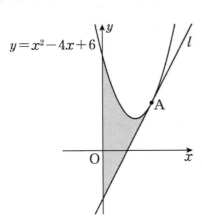

① $\dfrac{26}{3}$ ② 9   ③ $\dfrac{28}{3}$ ④ $\dfrac{29}{3}$ ⑤ 10

8. 그림과 같이 양의 상수 a에 대하여 곡선

$y = 2\cos ax \left(0 \le x \le \dfrac{2\pi}{a}\right)$와 직선 $y = 1$이 만나는 두 점을 각각

A, B라 하자. $\overline{AB} = \dfrac{8}{3}$일 때, a의 값은? [3점]

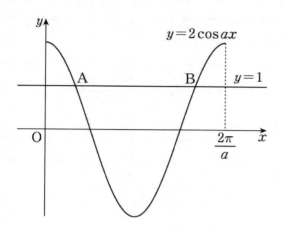

① $\dfrac{\pi}{3}$ ② $\dfrac{5\pi}{12}$ ③ $\dfrac{\pi}{2}$ ④ $\dfrac{7\pi}{12}$ ⑤ $\dfrac{2\pi}{3}$

9. 수직선 위를 움직이는 점 P의 시각 $t\,(t \ge 0)$에서의 속도 $v(t)$가

$$v(t) = 3t^2 + at$$

이다. 시각 $t = 0$에서의 점 P의 위치와 시각 $t = 6$에서의 점 P의 위치가 서로 같을 때, 점 P가 시각 $t = 0$에서 $t = 6$까지 움직인 거리는? (단, a는 상수이다.) [4점]

① 64   ② 66   ③ 68   ④ 70   ⑤ 72

10. 두 함수

$$f(x) = x^2 + 2x + k, \quad g(x) = 2x^3 - 9x^2 + 12x - 2$$

에 대하여 함수 $(g \circ f)(x)$의 최솟값이 2가 되도록 하는 실수 k의 최솟값은? [4점]

① 1   ② $\dfrac{9}{8}$ ③ $\dfrac{5}{4}$ ④ $\dfrac{11}{8}$ ⑤ $\dfrac{3}{2}$

11. 그림과 같이 두 상수 a, k에 대하여 직선 $x=k$가 두 곡선 $y=2^{x-1}+1$, $y=\log_2(x-a)$와 만나는 점을 각각 A, B라 하고, 점 B를 지나고 기울기가 -1인 직선이 곡선 $y=2^{x-1}+1$과 만나는 점을 C라 하자.

$\overline{AB}=8$, $\overline{BC}=2\sqrt{2}$일 때, 곡선 $y=\log_2(x-a)$가 x축과 만나는 점 D에 대하여 사각형 ACDB의 넓이는? (단, $0<a<k$) [4점]

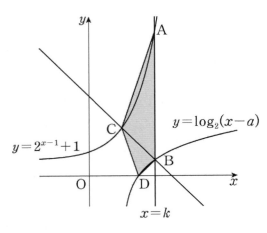

① 14   ② 13   ③ 12   ④ 11   ⑤ 10

12. $a>2$인 상수 a에 대하여 함수 $f(x)$를

$$f(x)=\begin{cases} x^2-4x+3 & (x \leq 2) \\ -x^2+ax & (x > 2) \end{cases}$$

라 하자. 최고차항의 계수가 1인 삼차함수 $g(x)$에 대하여 실수 전체의 집합에서 연속인 함수 $h(x)$가 다음 조건을 만족시킬 때, $h(1)+h(3)$의 값은? [4점]

> (가) $x \neq 1$, $x \neq a$일 때, $h(x)=\dfrac{g(x)}{f(x)}$이다.
>
> (나) $h(1)=h(a)$

① $-\dfrac{15}{6}$ ② $-\dfrac{7}{3}$ ③ $-\dfrac{13}{6}$ ④ -2 ⑤ $-\dfrac{11}{6}$

02회

13. 첫째항이 양수인 등차수열 $\{a_n\}$의 첫째항부터 제n항까지의 합을 S_n이라 하자.

$$|S_3| = |S_6| = |S_{11}| - 3$$

을 만족시키는 모든 수열 $\{a_n\}$의 첫째항의 합은? [4점]

① $\dfrac{31}{5}$ ② $\dfrac{33}{5}$ ③ 7 ④ $\dfrac{37}{5}$ ⑤ $\dfrac{39}{5}$

14. 두 함수

$$f(x) = x^3 - kx + 6, \quad g(x) = 2x^2 - 2$$

에 대하여 <보기>에서 옳은 것만을 있는 대로 고른 것은?

[4점]

─── < 보 기 > ───
ㄱ. $k = 0$일 때, 방정식 $f(x) + g(x) = 0$은 오직 하나의 실근을 갖는다.
ㄴ. 방정식 $f(x) - g(x) = 0$의 서로 다른 실근의 개수가 2가 되도록 하는 실수 k의 값은 4뿐이다.
ㄷ. 방정식 $|f(x)| = g(x)$의 서로 다른 실근의 개수가 5가 되도록 하는 실수 k가 존재한다.

① ㄱ   ② ㄱ, ㄴ   ③ ㄱ, ㄷ
④ ㄴ, ㄷ   ⑤ ㄱ, ㄴ, ㄷ

15. 그림과 같이 원에 내접하는 사각형 ABCD에 대하여

$$\overline{AB}=\overline{BC}=2, \quad \overline{AD}=3, \quad \angle BAD=\frac{\pi}{3}$$

이다. 두 직선 AD, BC의 교점을 E라 하자.

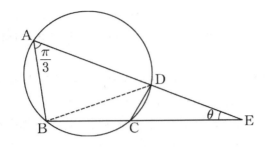

다음은 $\angle AEB=\theta$일 때, $\sin\theta$의 값을 구하는 과정이다.

삼각형 ABD와 삼각형 BCD에서 코사인법칙을 이용하면
$$\overline{CD}=\boxed{(가)}$$
이다. 삼각형 EAB와 삼각형 ECD에서
$$\angle AEB는 공통, \quad \angle EAB = \angle ECD$$
이므로 삼각형 EAB와 삼각형 ECD는 닮음이다.
이를 이용하면
$$\overline{ED}=\boxed{(나)}$$
이다. 삼각형 ECD에서 사인법칙을 이용하면
$$\sin\theta=\boxed{(다)}$$
이다.

위의 (가), (나), (다)에 알맞은 수를 각각 p, q, r라 할 때, $(p+q)\times r$의 값은? [4점]

① $\dfrac{\sqrt{3}}{2}$ ② $\dfrac{4\sqrt{3}}{7}$ ③ $\dfrac{9\sqrt{3}}{14}$ ④ $\dfrac{5\sqrt{3}}{7}$ ⑤ $\dfrac{11\sqrt{3}}{14}$

단답형

16. $\dfrac{\log_5 72}{\log_5 2}-4\log_2\dfrac{\sqrt{6}}{2}$ 의 값을 구하시오. [3점]

17. $\displaystyle\int_{-3}^{2}(2x^3+6|x|)dx-\int_{-3}^{-2}(2x^3-6x)dx$의 값을 구하시오.
[3점]

18. 부등식 $\displaystyle\sum_{k=1}^{5} 2^{k-1} < \sum_{k=1}^{n}(2k-1) < \sum_{k=1}^{5}\left(2\times 3^{k-1}\right)$을 만족시키는 모든 자연수 n의 값의 합을 구하시오. [3점]

19. 모든 실수 x에 대하여 부등식

$$3x^4 - 4x^3 - 12x^2 + k \geq 0$$

이 항상 성립하도록 하는 실수 k의 최솟값을 구하시오. [3점]

20. 수열 $\{a_n\}$은 $1 < a_1 < 2$이고, 모든 자연수 n에 대하여

$$a_{n+1} = \begin{cases} -2a_n & (a_n < 0) \\ a_n - 2 & (a_n \geq 0) \end{cases}$$

을 만족시킨다. $a_7 = -1$일 때, $40 \times a_1$의 값을 구하시오. [4점]

21. 상수 k에 대하여 다음 조건을 만족시키는 좌표평면의 점 $A(a, b)$가 오직 하나 존재한다.

> (가) 점 A는 곡선 $y = \log_2(x+2)+k$ 위의 점이다.
>
> (나) 점 A를 직선 $y=x$에 대하여 대칭이동한 점은 곡선 $y = 4^{x+k}+2$ 위에 있다.

$a \times b$의 값을 구하시오. (단, $a \neq b$) [4점]

22. 실수 전체의 집합에서 연속인 함수 $f(x)$와 최고차항의 계수가 1이고 상수항이 0인 삼차함수 $g(x)$가 있다.
양의 상수 a에 대하여 두 함수 $f(x)$, $g(x)$가 다음 조건을 만족시킨다.

> (가) 모든 실수 x에 대하여 $x|g(x)| = \int_{2a}^{x}(a-t)f(t)dt$ 이다.
>
> (나) 방정식 $g(f(x))=0$의 서로 다른 실근의 개수는 4이다.

$\int_{-2a}^{2a} f(x)dx$의 값을 구하시오. [4점]

* 확인 사항

○ 답안지의 해당란에 필요한 내용을 정확히 기입(표기)했는지 확인하시오.

○ 이어서, 「**선택과목(미적분)**」 문제가 제시되오니, 자신이 선택한 과목인지 확인하시오.

5 지 선 다 형

23. $\lim\limits_{n\to\infty} \dfrac{2^{n+1}+3^{n-1}}{(-2)^n+3^n}$ 의 값은? [2점]

① $\dfrac{1}{9}$ ② $\dfrac{1}{3}$ ③ 1 ④ 3 ⑤ 9

24. 수열 $\{a_n\}$이 $\lim\limits_{n\to\infty}(3a_n-5n)=2$를 만족시킬 때,

$\lim\limits_{n\to\infty} \dfrac{(2n+1)a_n}{4n^2}$ 의 값은? [3점]

① $\dfrac{1}{6}$ ② $\dfrac{1}{3}$ ③ $\dfrac{1}{2}$ ④ $\dfrac{2}{3}$ ⑤ $\dfrac{5}{6}$

25. $\lim_{n \to \infty} \left(\sqrt{an^2 + n} - \sqrt{an^2 - an} \right) = \dfrac{5}{4}$ 를 만족시키는 모든 양수 a의 값의 합은? [3점]

① $\dfrac{7}{2}$ ② $\dfrac{15}{4}$ ③ 4 ④ $\dfrac{17}{4}$ ⑤ $\dfrac{9}{2}$

26. 첫째항이 1인 두 수열 $\{a_n\}$, $\{b_n\}$이 모든 자연수 n에 대하여

$$a_{n+1} - a_n = 3, \quad \sum_{k=1}^{n} \frac{1}{b_k} = n^2$$

을 만족시킬 때, $\lim_{n \to \infty} a_n b_n$의 값은? [3점]

① $\dfrac{7}{6}$ ② $\dfrac{4}{3}$ ③ $\dfrac{3}{2}$ ④ $\dfrac{5}{3}$ ⑤ $\dfrac{11}{6}$

27. 수열 $\{a_n\}$이 모든 자연수 n에 대하여

$$a_n{}^2 < 4na_n + n - 4n^2$$

을 만족시킬 때, $\lim\limits_{n\to\infty}\dfrac{a_n+3n}{2n+4}$의 값은? [3점]

① $\dfrac{5}{2}$ ② 3 ③ $\dfrac{7}{2}$ ④ 4 ⑤ $\dfrac{9}{2}$

28. 자연수 n에 대하여 좌표평면 위의 점 A_n을 다음 규칙에 따라 정한다.

> (가) A_1은 원점이다.
> (나) n이 홀수이면 A_{n+1}은 점 A_n을 x축의 방향으로 a만큼 평행이동한 점이다.
> (다) n이 짝수이면 A_{n+1}은 점 A_n을 y축의 방향으로 $a+1$ 만큼 평행이동한 점이다.

$\lim\limits_{n\to\infty}\dfrac{\overline{A_1A_{2n}}}{n} = \dfrac{\sqrt{34}}{2}$ 일 때, 양수 a의 값은? [4점]

① $\dfrac{3}{2}$ ② $\dfrac{7}{4}$ ③ 2 ④ $\dfrac{9}{4}$ ⑤ $\dfrac{5}{2}$

29. 실수 t에 대하여 직선 $y=tx-2$가 함수

$$f(x) = \lim_{n\to\infty} \frac{2x^{2n+1}-1}{x^{2n}+1}$$

의 그래프와 만나는 점의 개수를 $g(t)$라 하자. 함수 $g(t)$가
$t=a$에서 불연속인 모든 a의 값을 작은 수부터 크기순으로
나열한 것을 $a_1,\ a_2,\ \cdots,\ a_m$ (m은 자연수)라 할 때, $m \times a_m$의
값을 구하시오. [4점]

30. 그림과 같이 자연수 n에 대하여 곡선

$$T_n : y = \frac{\sqrt{3}}{n+1}x^2 \ (x \geq 0)$$

위에 있고 원점 O와의 거리가 $2n+2$인 점을 P_n이라 하고,
점 P_n에서 x축에 내린 수선의 발을 H_n이라 하자.
중심이 P_n이고 점 H_n을 지나는 원을 C_n이라 할 때, 곡선 T_n과
원 C_n의 교점 중 원점에 가까운 점을 Q_n, 원점에서 원 C_n에
그은 두 접선의 접점 중 H_n이 아닌 점을 R_n이라 하자.
점 R_n을 포함하지 않는 호 Q_nH_n과 선분 P_nH_n, 곡선 T_n으로
둘러싸인 부분의 넓이를 $f(n)$, 점 H_n을 포함하지 않는 호
R_nQ_n과 선분 OR_n, 곡선 T_n으로 둘러싸인 부분의 넓이를
$g(n)$이라 할 때, $\lim_{n\to\infty} \dfrac{f(n)-g(n)}{n^2} = \dfrac{\pi}{2}+k$이다. $60k^2$의 값을
구하시오. (단, k는 상수이다.) [4점]

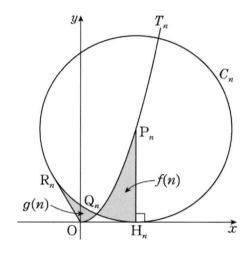

---

* 확인 사항

○ 답안지의 해당란에 필요한 내용을 정확히 기입(표기)했는지 확인
하시오.

제 2 교시

수학 영역

03회

5 지 선 다 형

1. $\log_8 16$ 의 값은? [2점]

① $\dfrac{7}{6}$ ② $\dfrac{4}{3}$ ③ $\dfrac{3}{2}$ ④ $\dfrac{5}{3}$ ⑤ $\dfrac{11}{6}$

2. 공차가 3인 등차수열 $\{a_n\}$에 대하여 $a_4 = 100$일 때, a_1의 값은? [2점]

① 91 ② 93 ③ 95 ④ 97 ⑤ 99

3. $0 \le x < 2\pi$일 때, 방정식 $\sin 4x = \dfrac{1}{2}$의 서로 다른 실근의 개수는? [3점]

① 2 ② 4 ③ 6 ④ 8 ⑤ 10

4. $\displaystyle\int_2^{-2} (x^3 + 3x^2)\,dx$의 값은? [3점]

① -16 ② -8 ③ 0 ④ 8 ⑤ 16

5. 함수 $y=f(x)$의 그래프가 그림과 같다.

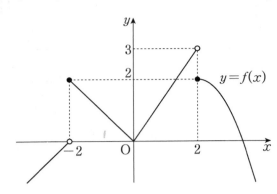

$\displaystyle\lim_{x\to-2+}f(x)+\lim_{x\to2-}f(x)$의 값은? [3점]

① 6   ② 5   ③ 4   ④ 3   ⑤ 2

6. 함수

$$f(x)=\begin{cases}\dfrac{x^2+ax+b}{x-3} & (x<3)\\[2mm]\dfrac{2x+1}{x-2} & (x\ge3)\end{cases}$$

이 실수 전체의 집합에서 연속일 때, $a-b$의 값은? (단, a, b는 상수이다.) [3점]

① 9   ② 10   ③ 11   ④ 12   ⑤ 13

7. 수열 $\{a_n\}$의 일반항이

$$a_n=\begin{cases}\dfrac{(n+1)^2}{2} & (n\text{이 홀수인 경우})\\[2mm]\dfrac{n^2}{2}+n+1 & (n\text{이 짝수인 경우})\end{cases}$$

일 때, $\displaystyle\sum_{n=1}^{10}a_n$의 값은? [3점]

① 235   ② 240   ③ 245   ④ 250   ⑤ 255

8. 곡선 $y = x^3 - 3x^2 - 9x$와 직선 $y = k$가 서로 다른 세 점에서 만나도록 하는 정수 k의 최댓값을 M, 최솟값을 m이라 할 때, $M - m$의 값은? [3점]

① 27   ② 28   ③ 29   ④ 30   ⑤ 31

9. 최고차항의 계수가 -3인 삼차함수 $y = f(x)$의 그래프 위의 점 $(2, f(2))$에서의 접선 $y = g(x)$가 곡선 $y = f(x)$와 원점에서 만난다. 곡선 $y = f(x)$와 직선 $y = g(x)$로 둘러싸인 도형의 넓이는? [4점]

① $\dfrac{7}{2}$ ② $\dfrac{15}{4}$ ③ 4 ④ $\dfrac{17}{4}$ ⑤ $\dfrac{9}{2}$

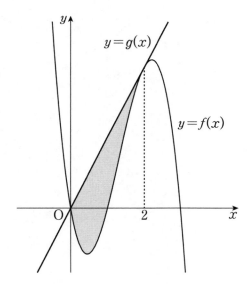

10. 자연수 n에 대하여 점 $A_n(n, n^2)$을 지나고 직선 $y = nx$에 수직인 직선이 x축과 만나는 점을 B_n이라 하자.

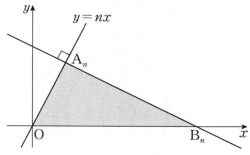

다음은 삼각형 $A_n O B_n$의 넓이를 S_n이라 할 때, $\displaystyle\sum_{n=1}^{8} \dfrac{S_n}{n^3}$의 값을 구하는 과정이다. (단, O는 원점이다.)

> 점 $A_n(n, n^2)$을 지나고 직선 $y = nx$에 수직인 직선의 방정식은
> $$y = \boxed{(가)} \times x + n^2 + 1$$
> 이므로 두 점 A_n, B_n의 좌표를 이용하여 S_n을 구하면
> $$S_n = \boxed{(나)}$$
> 따라서
> $$\sum_{n=1}^{8} \dfrac{S_n}{n^3} = \boxed{(다)}$$
> 이다.

위의 (가), (나)에 알맞은 식을 각각 $f(n)$, $g(n)$이라 하고, (다)에 알맞은 수를 r라 할 때, $f(1) + g(2) + r$의 값은? [4점]

① 105   ② 110   ③ 115   ④ 120   ⑤ 125

11. 그림과 같이 두 점 O, O′을 각각 중심으로 하고 반지름의 길이가 3인 두 원 O, O'이 한 평면 위에 있다. 두 원 O, O'이 만나는 점을 각각 A, B라 할 때, $\angle \mathrm{AOB} = \dfrac{5}{6}\pi$이다.

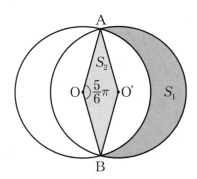

원 O의 외부와 원 O'의 내부의 공통부분의 넓이를 S_1, 마름모 AOBO′의 넓이를 S_2라 할 때, $S_1 - S_2$의 값은? [4점]

① $\dfrac{5}{4}\pi$ ② $\dfrac{4}{3}\pi$ ③ $\dfrac{17}{12}\pi$ ④ $\dfrac{3}{2}\pi$ ⑤ $\dfrac{19}{12}\pi$

12. 두 다항함수 $f(x)$, $g(x)$가 다음 조건을 만족시킨다.

> (가) $\displaystyle\lim_{x \to 1} \dfrac{f(x) - g(x)}{x - 1} = 5$
>
> (나) $\displaystyle\lim_{x \to 1} \dfrac{f(x) + g(x) - 2f(1)}{x - 1} = 7$

두 실수 a, b에 대하여 $\displaystyle\lim_{x \to 1} \dfrac{f(x) - a}{x - 1} = b \times g(1)$일 때, ab의 값은? [4점]

① 4 ② 5 ③ 6 ④ 7 ⑤ 8

13. 함수

$$f(x)=\begin{cases} 2^x & (x<3) \\ \left(\dfrac{1}{4}\right)^{x+a}-\left(\dfrac{1}{4}\right)^{3+a}+8 & (x\geq 3) \end{cases}$$

에 대하여 곡선 $y=f(x)$ 위의 점 중에서 y좌표가 정수인 점의 개수가 23일 때, 정수 a의 값은? [4점]

① -7　　② -6　　③ -5　　④ -4　　⑤ -3

14. 최고차항의 계수가 1인 삼차함수 $f(x)$에 대하여 함수 $g(x)$를

$$g(x)=f(x)+|f'(x)|$$

라 할 때, 두 함수 $f(x)$, $g(x)$가 다음 조건을 만족시킨다.

(가) $f(0)=g(0)=0$
(나) 방정식 $f(x)=0$은 양의 실근을 갖는다.
(다) 방정식 $|f(x)|=4$의 서로 다른 실근의 개수는 3이다.

$g(3)$의 값은? [4점]

① 9　　② 10　　③ 11　　④ 12　　⑤ 13

15. 그림과 같이 $\overline{AB}=5$, $\overline{BC}=4$, $\cos(\angle ABC)=\dfrac{1}{8}$ 인 삼각형 ABC 가 있다. $\angle ABC$ 의 이등분선과 $\angle CAB$ 의 이등분선이 만나는 점을 D, 선분 BD 의 연장선과 삼각형 ABC 의 외접원이 만나는 점을 E 라 할 때, <보기>에서 옳은 것만을 있는 대로 고른 것은? [4점]

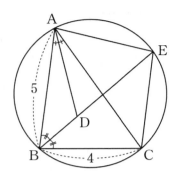

─────────── < 보 기 > ───────────

ㄱ. $\overline{AC}=6$

ㄴ. $\overline{EA}=\overline{EC}$

ㄷ. $\overline{ED}=\dfrac{31}{8}$

① ㄱ   ② ㄱ, ㄴ   ③ ㄱ, ㄷ

④ ㄴ, ㄷ   ⑤ ㄱ, ㄴ, ㄷ

16. 두 함수 $f(x)=2x^2+5x+3$, $g(x)=x^3+2$ 에 대하여 함수 $f(x)g(x)$ 의 $x=0$ 에서의 미분계수를 구하시오. [3점]

17. 모든 실수 x 에 대하여 이차부등식

$$3x^2-2(\log_2 n)x+\log_2 n>0$$

이 성립하도록 하는 자연수 n 의 개수를 구하시오. [3점]

03회

18. 실수 전체의 집합에서 미분가능한 함수 $F(x)$의 도함수 $f(x)$가

$$f(x) = \begin{cases} -2x & (x < 0) \\ k(2x - x^2) & (x \geq 0) \end{cases}$$

이다. $F(2) - F(-3) = 21$일 때, 상수 k의 값을 구하시오. [3점]

19. 수열 $\{a_n\}$의 첫째항부터 제n항까지의 합을 S_n이라 하자. $a_1 = 2$, $a_2 = 4$이고 2 이상의 모든 자연수 n에 대하여

$$a_{n+1}S_n = a_nS_{n+1}$$

이 성립할 때, S_5의 값을 구하시오. [3점]

20. 실수 m에 대하여 직선 $y = mx$와 함수

$$f(x) = 2x + 3 + |x - 1|$$

의 그래프의 교점의 개수를 $g(m)$이라 하자. 최고차항의 계수가 1인 이차함수 $h(x)$에 대하여 함수 $g(x)h(x)$가 실수 전체의 집합에서 연속일 때, $h(5)$의 값을 구하시오. [4점]

21. 그림과 같이 $\overline{AB}=2$, $\overline{AC}$ // $\overline{BD}$, $\overline{AC}:\overline{BD}=1:2$인 두 삼각형 ABC, ABD가 있다. 점 C에서 선분 AB에 내린 수선의 발 H는 선분 AB를 1:3으로 내분한다.

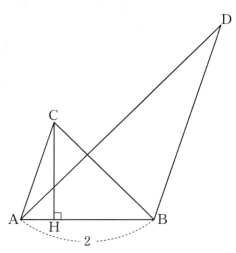

두 삼각형 ABC, ABD의 외접원의 반지름의 길이를 각각 r, R라 할 때, $4(R^2-r^2)\times\sin^2(\angle CAB)=51$이다. $\overline{AC}^2$의 값을 구하시오. (단, $\angle CAB < \dfrac{\pi}{2}$) [4점]

22. 양수 a와 일차함수 $f(x)$에 대하여 실수 전체의 집합에서 정의된 함수

$$g(x)=\int_0^x (t^2-4)\{|f(t)|-a\}\,dt$$

가 다음 조건을 만족시킨다.

(가) 함수 $g(x)$는 극값을 갖지 않는다.
(나) $g(2)=5$

$g(0)-g(-4)$의 값을 구하시오. [4점]

---

* 확인 사항

○ 답안지의 해당란에 필요한 내용을 정확히 기입(표기)했는지 확인하시오.

○ 이어서, 「**선택과목(미적분)**」 문제가 제시되오니, 자신이 선택한 과목인지 확인하시오.

5 지 선 다 형

23. $\lim\limits_{n\to\infty}\dfrac{10n^3-1}{(n+2)(2n^2+3)}$ 의 값은? [2점]

① 1   ② 2   ③ 3   ④ 4   ⑤ 5

24. 수열 $\{a_n\}$ 의 일반항이

$$a_n=\left(\frac{x^2-4x}{5}\right)^n$$

일 때, 수열 $\{a_n\}$ 이 수렴하도록 하는 모든 정수 x 의 개수는?

[3점]

① 7   ② 8   ③ 9   ④ 10   ⑤ 11

25. 모든 항이 양수인 수열 $\{a_n\}$이 모든 자연수 n에 대하여

$$a_{n+1} = a_1 a_n$$

을 만족시킨다. $\lim\limits_{n \to \infty} \dfrac{3a_{n+3} - 5}{2a_n + 1} = 12$ 일 때, a_1의 값은? [3점]

① $\dfrac{1}{2}$　　② 1　　③ $\dfrac{3}{2}$　　④ 2　　⑤ $\dfrac{5}{2}$

26. 수열 $\{a_n\}$이 모든 자연수 n에 대하여

$$2n^2 - 3 < a_n < 2n^2 + 4$$

를 만족시킨다. 수열 $\{a_n\}$의 첫째항부터 제n항까지의 합을 S_n이라 할 때, $\lim\limits_{n \to \infty} \dfrac{S_n}{n^3}$의 값은? [3점]

① $\dfrac{1}{2}$　　② $\dfrac{2}{3}$　　③ $\dfrac{5}{6}$　　④ 1　　⑤ $\dfrac{7}{6}$

27. 수열 $\{a_n\}$이 모든 자연수 n에 대하여

$$\sum_{k=1}^{n} \frac{a_k}{(k-1)!} = \frac{3}{(n+2)!}$$

을 만족시킨다. $\displaystyle\lim_{n \to \infty} (a_1 + n^2 a_n)$의 값은? [3점]

① $-\dfrac{7}{2}$　② -3　③ $-\dfrac{5}{2}$　④ -2　⑤ $-\dfrac{3}{2}$

28. 자연수 n에 대하여 $\angle A = 90°$, $\overline{AB} = 2$, $\overline{CA} = n$인 삼각형 ABC에서 $\angle A$의 이등분선이 선분 BC와 만나는 점을 D라 하자. 선분 CD의 길이를 a_n이라 할 때, $\displaystyle\lim_{n \to \infty} (n - a_n)$의 값은?

[4점]

① 1　② $\sqrt{2}$　③ 2　④ $2\sqrt{2}$　⑤ 4

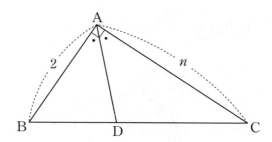

29. 자연수 n에 대하여 곡선 $y=x^2$ 위의 점 $P_n(2n, 4n^2)$에서의 접선과 수직이고 점 $Q_n(0, 2n^2)$을 지나는 직선을 l_n이라 하자. 점 P_n을 지나고 점 Q_n에서 직선 l_n과 접하는 원을 C_n이라 할 때, 원점을 지나고 원 C_n의 넓이를 이등분하는 직선의 기울기를 a_n이라 하자. $\lim\limits_{n\to\infty}\dfrac{a_n}{n}$의 값을 구하시오. [4점]

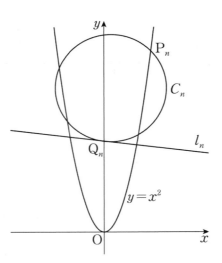

30. 자연수 n에 대하여 삼차함수 $f(x)=x(x-n)(x-3n^2)$이 극대가 되는 x를 a_n이라 하자. x에 대한 방정식 $f(x)=f(a_n)$의 근 중에서 a_n이 아닌 근을 b_n이라 할 때, $\lim\limits_{n\to\infty}\dfrac{a_n b_n}{n^3}=\dfrac{q}{p}$이다. $p+q$의 값을 구하시오. (단, p와 q는 서로소인 자연수이다.) [4점]

---

* 확인 사항

○ 답안지의 해당란에 필요한 내용을 정확히 기입(표기)했는지 확인 하시오.

2023학년도 4월 고3 전국연합학력평가 문제지

1

제 2 교시

수학 영역

04회

● 문항수 **30개** | 배점 **100점** | 제한 시간 **100분**

● 배점은 2점, 3점 또는 4점

04회

5 지 선 다 형

1. $\log_6 4 + \dfrac{2}{\log_3 6}$의 값은? [2점]

① 1　　　② 2　　　③ 3　　　④ 4　　　⑤ 5

2. 모든 항이 양수인 등비수열 $\{a_n\}$에 대하여 $a_1 = 3$, $\dfrac{a_5}{a_3} = 4$

일 때, a_4의 값은? [2점]

① 15　　　② 18　　　③ 21　　　④ 24　　　⑤ 27

3. 함수 $y = f(x)$의 그래프가 그림과 같다.

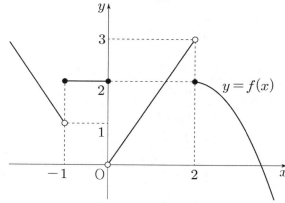

$\displaystyle\lim_{x \to -1+} f(x) + \lim_{x \to 2-} f(x)$의 값은? [3점]

① 1　　　② 2　　　③ 3　　　④ 4　　　⑤ 5

4. 함수 $f(x) = 2x^3 - 6x + a$의 극솟값이 2일 때, 상수 a의 값은? [3점]

① 6　　　② 7　　　③ 8　　　④ 9　　　⑤ 10

수학 영역

5. 0이 아닌 모든 실수 h에 대하여 다항함수 $f(x)$에서 x의 값이 1에서 $1+h$까지 변할 때의 평균변화율이 h^2+2h+3일 때, $f'(1)$의 값은? [3점]

① 1　　② $\dfrac{3}{2}$　　③ 2　　④ $\dfrac{5}{2}$　　⑤ 3

6. 함수 $y=\log_{\frac{1}{2}}(x-a)+b$가 닫힌구간 $[2, 5]$에서 최댓값 3, 최솟값 1을 갖는다. $a+b$의 값은? (단, a, b는 상수이다.) [3점]

① 1　　② 2　　③ 3　　④ 4　　⑤ 5

7. 다항함수 $f(x)$에 대하여 곡선 $y=f(x)$ 위의 점 $(0, f(0))$에서의 접선의 방정식이 $y=3x-1$이다. 함수 $g(x)=(x+2)f(x)$에 대하여 $g'(0)$의 값은? [3점]

① 5　　② 6　　③ 7　　④ 8　　⑤ 9

8. 그림과 같이 함수 $y = a\tan b\pi x$의 그래프가

두 점 $(2, 3)$, $(8, 3)$을 지날 때, $a^2 \times b$의 값은?

(단, a, b는 양수이다.) [3점]

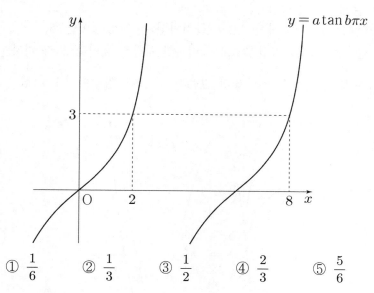

① $\dfrac{1}{6}$ ② $\dfrac{1}{3}$ ③ $\dfrac{1}{2}$ ④ $\dfrac{2}{3}$ ⑤ $\dfrac{5}{6}$

9. 함수 $f(x)$에 대하여 $f'(x) = 3x^2 - 4x + 1$이고

$\displaystyle\lim_{x \to 0}\frac{1}{x}\int_0^x f(t)dt = 1$일 때, $f(2)$의 값은? [4점]

① 3   ② 4   ③ 5   ④ 6   ⑤ 7

10. 상수 $a\,(a > 1)$에 대하여 곡선 $y = a^x - 1$과

곡선 $y = \log_a(x+1)$이 원점 O를 포함한 서로 다른 두 점에서 만난다. 이 두 점 중 O가 아닌 점을 P라 하고, 점 P에서 x축에 내린 수선의 발을 H라 하자. 삼각형 OHP의 넓이가 2일 때, a의 값은? [4점]

① $\sqrt{2}$ ② $\sqrt{3}$ ③ 2   ④ $\sqrt{5}$ ⑤ $\sqrt{6}$

11. $0 \le x \le 2\pi$일 때, 방정식 $2\sin^2 x - 3\cos x = k$의 서로 다른 실근의 개수가 3이다. 이 세 실근 중 가장 큰 실근을 α라 할 때, $k \times \alpha$의 값은? (단 k는 상수이다.) [4점]

① $\dfrac{7}{2}\pi$ ② 4π ③ $\dfrac{9}{2}\pi$ ④ 5π ⑤ $\dfrac{11}{2}\pi$

12. 그림과 같이 삼차함수 $f(x) = x^3 - 6x^2 + 8x + 1$의 그래프와 최고차항의 계수가 양수인 이차함수 $y = g(x)$의 그래프가 점 A$(0,\ 1)$, 점 B$(k,\ f(k))$에서 만나고, 곡선 $y = f(x)$ 위의 점 B에서의 접선이 점 A를 지난다.

곡선 $y = f(x)$와 직선 AB로 둘러싸인 부분의 넓이를 S_1, 곡선 $y = g(x)$와 직선 AB로 둘러싸인 부분의 넓이를 S_2라 하자.

$S_1 = S_2$일 때, $\displaystyle\int_0^k g(x)\,dx$의 값은? (단, k는 양수이다.) [4점]

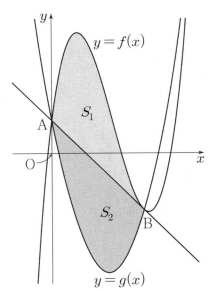

① $-\dfrac{17}{2}$ ② $-\dfrac{33}{4}$ ③ -8 ④ $-\dfrac{31}{4}$ ⑤ $-\dfrac{15}{2}$

13. 그림과 같이 닫힌구간 $[0, 2\pi]$에서 정의된 두 함수
$f(x) = k\sin x$, $g(x) = \cos x$에 대하여 곡선 $y = f(x)$와
곡선 $y = g(x)$가 만나는 서로 다른 두 점을 A, B라 하자.
선분 AB를 $3:1$로 외분하는 점을 C라 할 때, 점 C는
곡선 $y = f(x)$ 위에 있다. 점 C를 지나고 y축에 평행한 직선이
곡선 $y = g(x)$와 만나는 점을 D라 할 때, 삼각형 BCD의 넓이는?
(단, k는 양수이고, 점 B의 x좌표는 점 A의 x좌표보다 크다.)

[4점]

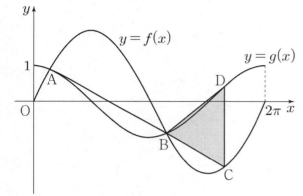

① $\dfrac{\sqrt{15}}{8}\pi$ ② $\dfrac{9\sqrt{5}}{40}\pi$ ③ $\dfrac{\sqrt{5}}{4}\pi$

④ $\dfrac{3\sqrt{10}}{16}\pi$ ⑤ $\dfrac{3\sqrt{5}}{10}\pi$

14. 양의 실수 t에 대하여 함수 $f(x)$를

$$f(x) = x^3 - 3t^2 x$$

라 할 때, 닫힌구간 $[-2, 1]$에서 두 함수 $f(x)$, $|f(x)|$의
최댓값을 각각 $M_1(t)$, $M_2(t)$라 하자. 함수

$$g(t) = M_1(t) + M_2(t)$$

에 대하여 <보기>에서 옳은 것만을 있는 대로 고른 것은? [4점]

> ─────── < 보 기 > ───────
>
> ㄱ. $g(2) = 32$
>
> ㄴ. $g(t) = 2f(-t)$를 만족시키는 t의 최댓값과 최솟값의 합은
> 3이다.
>
> ㄷ. $\displaystyle\lim_{h \to 0+} \dfrac{g\left(\frac{1}{2}+h\right)-g\left(\frac{1}{2}\right)}{h} - \lim_{h \to 0-} \dfrac{g\left(\frac{1}{2}+h\right)-g\left(\frac{1}{2}\right)}{h} = 5$

① ㄱ ② ㄷ ③ ㄱ, ㄴ

④ ㄴ, ㄷ ⑤ ㄱ, ㄴ, ㄷ

15. 다음 조건을 만족시키는 모든 수열 $\{a_n\}$에 대하여 a_1의 최댓값을 M, 최솟값을 m이라 할 때, $\log_2 \dfrac{M}{m}$의 값은? [4점]

> (가) 모든 자연수 n에 대하여
>
> $$a_{n+1} = \begin{cases} 2^{n-2} & (a_n < 1) \\ \log_2 a_n & (a_n \geq 1) \end{cases}$$
>
> 이다.
>
> (나) $a_5 + a_6 = 1$

① 12   ② 13   ③ 14   ④ 15   ⑤ 16

단 답 형

16. $\displaystyle\lim_{x \to 2} \dfrac{x^2 + x - 6}{x - 2}$의 값을 구하시오. [3점]

17. 함수 $y = 4^x$의 그래프를 x축의 방향으로 1만큼, y축의 방향으로 a만큼 평행이동한 그래프가 점 $\left(\dfrac{3}{2}, 5\right)$를 지날 때, 상수 a의 값을 구하시오. [3점]

18. 다항함수 $f(x)$가

$$\lim_{x \to \infty} \frac{xf(x) - 2x^3 + 1}{x^2} = 5, \quad f(0) = 1$$

을 만족시킬 때, $f(1)$의 값을 구하시오. [3점]

19. 수직선 위를 움직이는 점 P의 시각 $t(t > 0)$에서의 위치 $x(t)$가

$$x(t) = \frac{3}{2}t^4 - 8t^3 + 15t^2 - 12t$$

이다. 점 P의 운동 방향이 바뀌는 순간 점 P의 가속도를 구하시오. [3점]

20. 등차수열 $\{a_n\}$의 첫째항부터 제n항까지의 합을 S_n이라 하자. S_n이 다음 조건을 만족시킬 때, a_{13}의 값을 구하시오. [4점]

> (가) S_n은 $n = 7$, $n = 8$에서 최솟값을 갖는다.
>
> (나) $|S_m| = |S_{2m}| = 162$인 자연수 $m(m > 8)$이 존재한다.

21. 좌표평면 위의 두 점 $O(0, 0)$, $A(2, 0)$과 y좌표가 양수인 서로 다른 두 점 P, Q가 다음 조건을 만족시킨다.

> (가) $\overline{AP} = \overline{AQ} = 2\sqrt{15}$ 이고 $\overline{OP} > \overline{OQ}$ 이다.
>
> (나) $\cos(\angle OPA) = \cos(\angle OQA) = \dfrac{\sqrt{15}}{4}$

사각형 OAPQ의 넓이가 $\dfrac{q}{p}\sqrt{15}$ 일 때, $p \times q$의 값을 구하시오. (단, p와 q는 서로소인 자연수이다.) [4점]

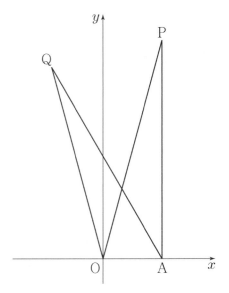

22. 두 상수 a, $b(b \neq 1)$과 이차함수 $f(x)$에 대하여 함수 $g(x)$가 다음 조건을 만족시킨다.

> (가) 함수 $g(x)$는 실수 전체의 집합에서 미분가능하고, 도함수 $g'(x)$는 실수 전체의 집합에서 연속이다.
>
> (나) $|x| < 2$일 때, $g(x) = \displaystyle\int_0^x (-t + a)dt$이고 $|x| \geq 2$일 때, $|g'(x)| = f(x)$이다.
>
> (다) 함수 $g(x)$는 $x = 1$, $x = b$에서 극값을 갖는다.

$g(k) = 0$을 만족시키는 모든 실수 k의 값의 합이 $p + q\sqrt{3}$ 일 때, $p \times q$의 값을 구하시오. (단, p와 q는 유리수이다.) [4점]

* 확인 사항
○ 답안지의 해당란에 필요한 내용을 정확히 기입(표기)했는지 확인하시오.
○ 이어서, 「**선택과목(미적분)**」 문제가 제시되오니, 자신이 선택한 과목인지 확인하시오.

제 2 교시

수학 영역(미적분)

04회

5 지 선 다 형

23. $\lim\limits_{n \to \infty} \left(\sqrt{4n^2 + 3n} - \sqrt{4n^2 + 1} \right)$의 값은? [2점]

① $\dfrac{1}{2}$ ② $\dfrac{3}{4}$ ③ 1 ④ $\dfrac{5}{4}$ ⑤ $\dfrac{3}{2}$

24. 함수 $f(x) = e^x(2\sin x + \cos x)$에 대하여 $f'(0)$의 값은? [3점]

① 3 ② 4 ③ 5 ④ 6 ⑤ 7

25. 수열 $\{a_n\}$에 대하여 급수 $\displaystyle\sum_{n=1}^{\infty}\left(a_n-\dfrac{2^{n+1}}{2^n+1}\right)$이 수렴할 때,

$\displaystyle\lim_{n\to\infty}\dfrac{2^n\times a_n+5\times 2^{n+1}}{2^n+3}$의 값은? [3점]

① 6   ② 8   ③ 10   ④ 12   ⑤ 14

26. 두 함수 $f(x)=a^x$, $g(x)=2\log_b x$에 대하여

$$\lim_{x\to e}\frac{f(x)-g(x)}{x-e}=0$$

일 때, $a\times b$의 값은? (단, a와 b는 1보다 큰 상수이다.) [3점]

① $e^{\frac{1}{e}}$ ② $e^{\frac{2}{e}}$ ③ $e^{\frac{3}{e}}$ ④ $e^{\frac{4}{e}}$ ⑤ $e^{\frac{5}{e}}$

27. 그림과 같이 좌표평면 위에 점 A(0, 1)을 중심으로 하고 반지름의 길이가 1인 원 C가 있다. 원점 O를 지나고 x축의 양의 방향과 이루는 각의 크기가 θ인 직선이 원 C와 만나는 점 중 O가 아닌 점을 P라 하고, 호 OP 위에 점 Q를 $\angle OPQ = \dfrac{\theta}{3}$가 되도록 잡는다. 삼각형 POQ의 넓이를 $f(\theta)$라 할 때, $\displaystyle\lim_{\theta \to 0+} \dfrac{f(\theta)}{\theta^3}$의 값은? (단, 점 Q는 제1사분면 위의 점이고, $0 < \theta < \pi$이다.) [3점]

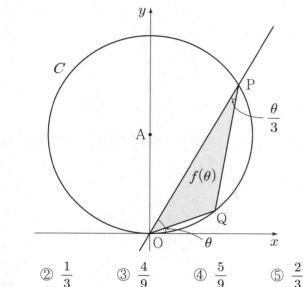

① $\dfrac{2}{9}$　② $\dfrac{1}{3}$　③ $\dfrac{4}{9}$　④ $\dfrac{5}{9}$　⑤ $\dfrac{2}{3}$

28. 그림과 같이 $\overline{AB_1} = 2$, $\overline{B_1C_1} = \sqrt{3}$, $\overline{C_1D_1} = 1$이고 $\angle C_1B_1A = \dfrac{\pi}{2}$인 사다리꼴 $AB_1C_1D_1$이 있다. 세 점 A, B_1, D_1을 지나는 원이 선분 B_1C_1과 만나는 점 중 B_1이 아닌 점을 E_1이라 할 때, 두 선분 C_1D_1, C_1E_1과 호 E_1D_1로 둘러싸인 부분과 선분 B_1E_1과 호 B_1E_1로 둘러싸인 부분인 ⌐모양의 도형에 색칠하여 얻은 그림을 R_1이라 하자.

그림 R_1에서 선분 AB_1 위의 점 B_2, 호 E_1D_1 위의 점 C_2, 선분 AD_1 위의 점 D_2와 점 A를 꼭짓점으로 하고 $\overline{B_2C_2} : \overline{C_2D_2} = \sqrt{3} : 1$이고 $\angle C_2B_2A = \dfrac{\pi}{2}$인 사다리꼴 $AB_2C_2D_2$를 그린다. 그림 R_1을 얻은 것과 같은 방법으로 점 E_2를 잡고, 사다리꼴 $AB_2C_2D_2$에 ⌐모양의 도형을 그리고 색칠하여 얻은 그림을 R_2라 하자.

이와 같은 과정을 계속하여 n번째 얻은 그림 R_n에 색칠되어 있는 부분의 넓이를 S_n이라 할 때, $\displaystyle\lim_{n \to \infty} S_n$의 값은? [4점]

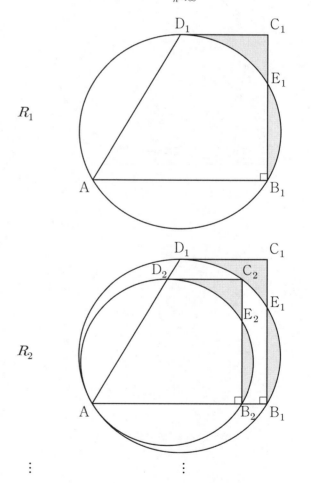

① $\dfrac{49}{144}\sqrt{3}$　② $\dfrac{49}{122}\sqrt{3}$　③ $\dfrac{49}{100}\sqrt{3}$

④ $\dfrac{49}{78}\sqrt{3}$　⑤ $\dfrac{7}{8}\sqrt{3}$

29. 그림과 같이 중심이 O, 반지름의 길이가 8이고 중심각의 크기가 $\dfrac{\pi}{2}$인 부채꼴 OAB가 있다. 호 AB 위의 점 C에 대하여 점 B에서 선분 OC에 내린 수선의 발을 D라 하고, 두 선분 BD, CD와 호 BC에 동시에 접하는 원을 C라 하자. 점 O에서 원 C에 그은 접선 중 점 C를 지나지 않는 직선이 호 AB와 만나는 점을 E라 할 때, $\cos(\angle\mathrm{COE})=\dfrac{7}{25}$이다.

$\sin(\angle\mathrm{AOE})=p+q\sqrt{7}$일 때, $200\times(p+q)$의 값을 구하시오. (단, p와 q는 유리수이고, 점 C는 점 B가 아니다.) [4점]

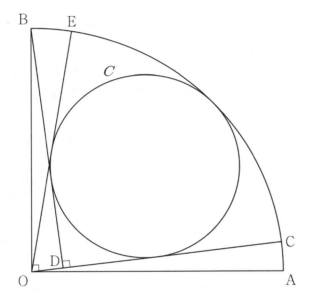

30. $x\geq 0$에서 정의된 함수 $f(x)$가 다음 조건을 만족시킨다.

(가) $f(x)=\begin{cases} 2^x-1 & (0\leq x\leq 1) \\ 4\times\left(\dfrac{1}{2}\right)^x-1 & (1<x\leq 2) \end{cases}$

(나) 모든 양의 실수 x에 대하여 $f(x+2)=-\dfrac{1}{2}f(x)$이다.

$x>0$에서 정의된 함수 $g(x)$를

$$g(x)=\lim_{h\to 0+}\frac{f(x+h)-f(x-h)}{h}$$

라 할 때,

$$\lim_{t\to 0+}\{g(n+t)-g(n-t)\}+2g(n)=\frac{\ln 2}{2^{24}}$$

를 만족시키는 모든 자연수 n의 값의 합을 구하시오. [4점]

수학 영역

제 2 교시

● 문항수 30개 | 배점 100점 | 제한 시간 100분

● 배점은 2점, 3점 또는 4점

05회

5지 선다 형

1. $\left(27 \times \sqrt{8}\right)^{\frac{2}{3}}$의 값은? [2점]

① 9　　② 12　　③ 15　　④ 18　　⑤ 21

2. 함수 $f(x) = x^3 + 7x - 4$에 대하여 $f'(1)$의 값은? [2점]

① 6　　② 7　　③ 8　　④ 9　　⑤ 10

3. $\displaystyle\lim_{x \to 3} \frac{\sqrt{2x-5}-1}{x-3}$의 값은? [3점]

① 1　　② 2　　③ 3　　④ 4　　⑤ 5

4. 등비수열 $\{a_n\}$에 대하여 $a_2 = 1$, $a_5 = 2(a_3)^2$일 때, a_6의 값은?
[3점]

① 8　　② 10　　③ 12　　④ 14　　⑤ 16

5. 부등식 $\log_2 x \le 4 - \log_2(x-6)$을 만족시키는 모든 정수 x의 값의 합은? [3점]

① 15 ② 19 ③ 23 ④ 27 ⑤ 31

7. $f(3)=2$, $f'(3)=1$인 다항함수 $f(x)$와 최고차항의 계수가 1인 이차함수 $g(x)$가

$$\lim_{x \to 3} \frac{f(x)-g(x)}{x-3} = 1$$

을 만족시킬 때, $g(1)$의 값은? [3점]

① 3 ② 4 ③ 5 ④ 6 ⑤ 7

6. $\sin\theta + \cos\theta = \dfrac{1}{2}$일 때, $(2\sin\theta + \cos\theta)(\sin\theta + 2\cos\theta)$의 값은?

[3점]

① $\dfrac{1}{8}$ ② $\dfrac{1}{4}$ ③ $\dfrac{3}{8}$ ④ $\dfrac{1}{2}$ ⑤ $\dfrac{5}{8}$

05회

8. 공비가 $\sqrt{3}$ 인 등비수열 $\{a_n\}$ 과 공비가 $-\sqrt{3}$ 인 등비수열 $\{b_n\}$ 에 대하여

$$a_1 = b_1, \quad \sum_{n=1}^{8} a_n + \sum_{n=1}^{8} b_n = 160$$

일 때, $a_3 + b_3$ 의 값은? [3점]

① 9 ② 12 ③ 15 ④ 18 ⑤ 21

10. 수직선 위를 움직이는 점 P의 시각 $t(t \geq 0)$ 에서의 속도 $v(t)$가

$$v(t) = 3(t-2)(t-a) \quad (a > 2인 \ 상수)$$

이다. 점 P의 시각 $t=0$ 에서의 위치는 0이고, $t > 0$ 에서 점 P의 위치가 0이 되는 순간은 한 번뿐이다. $v(8)$의 값은? [4점]

① 27 ② 36 ③ 45 ④ 54 ⑤ 63

9. 그림과 같이 두 곡선 $y = 2^{-x+a}$, $y = 2^x - 1$ 이 만나는 점을 A, 곡선 $y = 2^{-x+a}$ 이 y축과 만나는 점을 B라 하자. 점 A에서 y축에 내린 수선의 발을 H라 할 때, $\overline{OB} = 3 \times \overline{OH}$ 이다. 상수 a의 값은? (단, O는 원점이다.) [4점]

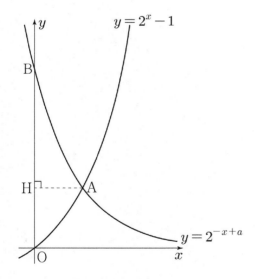

① 2 ② $\log_2 5$ ③ $\log_2 6$ ④ $\log_2 7$ ⑤ 3

11. 자연수 k에 대하여 $0 \leq x < 2\pi$일 때, x에 대한 방정식 $\sin kx = \dfrac{1}{3}$의 서로 다른 실근의 개수가 8이다.

$0 \leq x < 2\pi$일 때, x에 대한 방정식 $\sin kx = \dfrac{1}{3}$의 모든 해의 합은? [4점]

① 5π ② 6π ③ 7π ④ 8π ⑤ 9π

12. 수열 $\{a_n\}$이 다음 조건을 만족시킨다.

> (가) $1 \leq n \leq 4$인 모든 자연수 n에 대하여
> $a_n + a_{n+4} = 15$이다.
> (나) $n \geq 5$인 모든 자연수 n에 대하여 $a_{n+1} - a_n = n$이다.

$\displaystyle\sum_{n=1}^{4} a_n = 6$일 때, a_5의 값은? [4점]

① 1 ② 3 ③ 5 ④ 7 ⑤ 9

13. 다항함수 $f(x)$가

$$\lim_{x \to 2} \frac{1}{x-2} \int_1^x (x-t)f(t)dt = 3$$

을 만족시킬 때, $\int_1^2 (4x+1)f(x)dx$의 값은? [4점]

① 15 ② 18 ③ 21 ④ 24 ⑤ 27

14. 정수 k와 함수

$$f(x) = \begin{cases} x+1 & (x < 0) \\ x-1 & (0 \leq x < 1) \\ 0 & (1 \leq x \leq 3) \\ -x+4 & (x > 3) \end{cases}$$

에 대하여 함수 $g(x)$를 $g(x) = |f(x-k)|$라 할 때,
<보기>에서 옳은 것만을 있는 대로 고른 것은? [4점]

───────⟨ 보 기 ⟩───────

ㄱ. $k=-3$일 때, $\lim_{x \to 0-} g(x) = g(0)$이다.

ㄴ. 함수 $f(x)+g(x)$가 $x=0$에서 연속이 되도록 하는 정수 k가 존재한다.

ㄷ. 함수 $f(x)g(x)$가 $x=0$에서 미분가능하도록 하는 모든 정수 k의 값의 합은 -5이다.

────────────────────

① ㄱ ② ㄷ ③ ㄱ, ㄴ
④ ㄱ, ㄷ ⑤ ㄱ, ㄴ, ㄷ

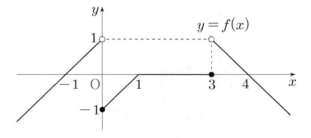

15. 그림과 같이 반지름의 길이가 $R(5 < R < 5\sqrt{5})$인 원에 내접하는 사각형 ABCD가 다음 조건을 만족시킨다.

> ○ $\overline{AB} = \overline{AD}$ 이고 $\overline{AC} = 10$이다.
> ○ 사각형 ABCD의 넓이는 40이다.

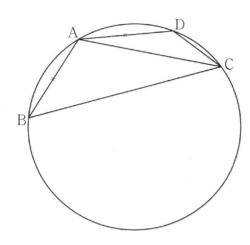

다음은 선분 BD의 길이와 R의 비를 구하는 과정이다.

> $\overline{AB} = \overline{AD} = k$라 할 때
> 두 삼각형 ABC, ACD에서 각각 코사인법칙에 의하여
> $$\cos(\angle ACB) = \frac{1}{20}\left(\overline{BC} + \frac{\boxed{\text{(가)}}}{\overline{BC}}\right),$$
> $$\cos(\angle DCA) = \frac{1}{20}\left(\overline{CD} + \frac{\boxed{\text{(가)}}}{\overline{CD}}\right)$$
> 이다.
> 이때 두 호 AB, AD에 대한 원주각의 크기가 같으므로
> $\cos(\angle ACB) = \cos(\angle DCA)$이다.
> 사각형 ABCD의 넓이는
> 두 삼각형 ABD, BCD의 넓이의 합과 같으므로
> $$\frac{1}{2}k^2\sin(\angle BAD) + \frac{1}{2} \times \overline{BC} \times \overline{CD} \times \sin(\pi - \angle BAD) = 40$$
> 에서 $\sin(\angle BAD) = \boxed{\text{(나)}}$ 이다.
> 따라서 삼각형 ABD에서 사인법칙에 의하여
> $\overline{BD} : R = \boxed{\text{(다)}} : 1$이다.

위의 (가)에 알맞은 식을 $f(k)$라 하고, (나), (다)에 알맞은 수를 각각 p, q라 할 때, $\dfrac{f(10p)}{q}$의 값은? [4점]

① $\dfrac{25}{2}$ ② 15 ③ $\dfrac{35}{2}$ ④ 20 ⑤ $\dfrac{45}{2}$

> **단답형**

16. $\log_2 9 \times \log_3 16$의 값을 구하시오. [3점]

17. 곡선 $y = -x^2 + 4x - 4$와 x축 및 y축으로 둘러싸인 부분의 넓이를 S라 할 때, $12S$의 값을 구하시오. [3점]

18. 다항함수 $f(x)$의 한 부정적분 $F(x)$가 모든 실수 x에 대하여

$$F(x) = (x+2)f(x) - x^3 + 12x$$

를 만족시킨다. $F(0) = 30$일 때, $f(2)$의 값을 구하시오. [3점]

19. 모든 실수 x에 대하여 부등식

$$x^4 - 4x^3 + 16x + a \geq 0$$

이 항상 성립하도록 하는 실수 a의 최솟값을 구하시오. [3점]

20. 최고차항의 계수가 1인 삼차함수 $f(x)$가
모든 실수 x에 대하여 $f(-x) = -f(x)$를 만족시킨다.
양수 t에 대하여 좌표평면 위의 네 점 $(t, 0)$, $(0, 2t)$,
$(-t, 0)$, $(0, -2t)$를 꼭짓점으로 하는 마름모가
곡선 $y = f(x)$와 만나는 점의 개수를 $g(t)$라 할 때, 함수 $g(t)$는
$t = \alpha$, $t = 8$에서 불연속이다. $\alpha^2 \times f(4)$의 값을 구하시오.
(단, α는 $0 < \alpha < 8$인 상수이다.) [4점]

21. 공차가 자연수 d이고 모든 항이 정수인 등차수열 $\{a_n\}$이 다음 조건을 만족시키도록 하는 모든 d의 값의 합을 구하시오. [4점]

> (가) 모든 자연수 n에 대하여 $a_n \neq 0$이다.
>
> (나) $a_{2m} = -a_m$이고 $\displaystyle\sum_{k=m}^{2m} |a_k| = 128$인 자연수 m이 존재한다.

22. 양수 a와 최고차항의 계수가 1인 삼차함수 $f(x)$에 대하여 함수

$$g(x) = \int_0^x \{f'(t+a) \times f'(t-a)\} dt$$

가 다음 조건을 만족시킨다.

> 함수 $g(x)$는 $x = \dfrac{1}{2}$과 $x = \dfrac{13}{2}$에서만 극값을 갖는다.

$f(0) = -\dfrac{1}{2}$일 때, $a \times f(1)$의 값을 구하시오. [4점]

★ 확인 사항

○ 답안지의 해당란에 필요한 내용을 정확히 기입(표기)했는지 확인하시오.

○ 이어서, 「**선택과목(미적분)**」 문제가 제시되오니, 자신이 선택한 과목인지 확인하시오.

05회

5지 선다 형

23. 함수 $f(x) = (x+a)e^x$에 대하여 $f'(2) = 8e^2$일 때, 상수 a의 값은? [2점]

① 1   ② 2   ③ 3   ④ 4   ⑤ 5

24. $\sec\theta = \dfrac{\sqrt{10}}{3}$일 때, $\sin^2\theta$의 값은? [3점]

① $\dfrac{1}{10}$ ② $\dfrac{3}{20}$ ③ $\dfrac{1}{5}$ ④ $\dfrac{1}{4}$ ⑤ $\dfrac{3}{10}$

25. $\lim\limits_{x \to 0+} \dfrac{\ln(2x^2+3x)-\ln 3x}{x}$ 의 값은? [3점]

① $\dfrac{1}{3}$　　② $\dfrac{1}{2}$　　③ $\dfrac{2}{3}$　　④ $\dfrac{5}{6}$　　⑤ 1

26. 함수

$$f(x) = \lim_{n \to \infty} \frac{3 \times \left(\dfrac{x}{2}\right)^{2n+1} - 1}{\left(\dfrac{x}{2}\right)^{2n} + 1}$$

에 대하여 $f(k) = k$를 만족시키는 모든 실수 k의 값의 합은?

[3점]

① -6　　② -5　　③ -4　　④ -3　　⑤ -2

27. 자연수 n에 대하여 곡선 $y=x^2-2nx-2n$이 직선 $y=x+1$과 만나는 두 점을 각각 P_n, Q_n이라 하자. 선분 P_nQ_n을 대각선으로 하는 정사각형의 넓이를 a_n이라 할 때, $\sum\limits_{n=1}^{\infty}\dfrac{1}{a_n}$의 값은? [3점]

① $\dfrac{1}{10}$ ② $\dfrac{2}{15}$ ③ $\dfrac{1}{6}$ ④ $\dfrac{1}{5}$ ⑤ $\dfrac{7}{30}$

28. 그림과 같이 $\overline{A_1B_1}=2$, $\overline{B_1C_1}=2\sqrt{3}$인 직사각형 $A_1B_1C_1D_1$이 있다. 선분 A_1D_1을 $1:2$로 내분하는 점을 E_1이라 하고 선분 B_1C_1을 지름으로 하는 반원의 호 B_1C_1이 두 선분 B_1E_1, B_1D_1과 만나는 점 중 점 B_1이 아닌 점을 각각 F_1, G_1이라 하자. 세 선분 F_1E_1, E_1D_1, D_1G_1과 호 F_1G_1로 둘러싸인 ⌒⌒ 모양의 도형에 색칠하여 얻은 그림을 R_1이라 하자.

그림 R_1에 선분 B_1G_1 위의 점 A_2, 호 G_1C_1 위의 점 D_2와 선분 B_1C_1 위의 두 점 B_2, C_2를 꼭짓점으로 하고 $\overline{A_2B_2}:\overline{B_2C_2}=1:\sqrt{3}$인 직사각형 $A_2B_2C_2D_2$를 그린다. 직사각형 $A_2B_2C_2D_2$에 그림 R_1을 얻은 것과 같은 방법으로 ⌒⌒ 모양의 도형을 그리고 색칠하여 얻은 그림을 R_2라 하자. 이와 같은 과정을 계속하여 n번째 얻은 그림 R_n에 색칠되어 있는 부분의 넓이를 S_n이라 할 때, $\lim\limits_{n\to\infty}S_n$의 값은? [4점]

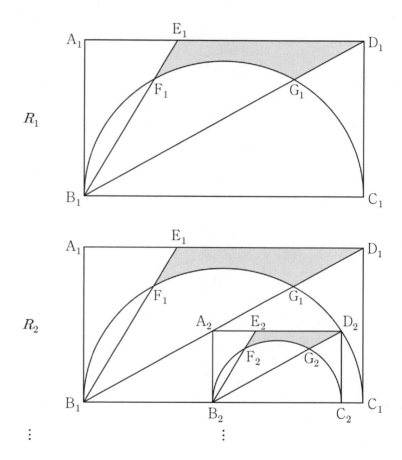

① $\dfrac{169}{864}(8\sqrt{3}-3\pi)$ ② $\dfrac{169}{798}(8\sqrt{3}-3\pi)$

③ $\dfrac{169}{720}(8\sqrt{3}-3\pi)$ ④ $\dfrac{169}{864}(16\sqrt{3}-3\pi)$

⑤ $\dfrac{169}{798}(16\sqrt{3}-3\pi)$

단답형

29. 그림과 같이 좌표평면 위의 제2사분면에 있는 점 A를 지나고 기울기가 각각 m_1, $m_2(0 < m_1 < m_2 < 1)$인 두 직선을 l_1, l_2라 하고, 직선 l_1을 y축에 대하여 대칭이동한 직선을 l_3이라 하자. 직선 l_3이 두 직선 l_1, l_2와 만나는 점을 각각 B, C라 하면 삼각형 ABC가 다음 조건을 만족시킨다.

(가) $\overline{AB} = 12$, $\overline{AC} = 9$

(나) 삼각형 ABC의 외접원의 반지름의 길이는 $\dfrac{15}{2}$이다.

$78 \times m_1 \times m_2$의 값을 구하시오. [4점]

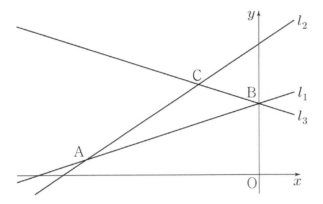

30. 함수 $f(x) = a\cos x + x\sin x + b$와 $-\pi < \alpha < 0 < \beta < \pi$인 두 실수 α, β가 다음 조건을 만족시킨다.

(가) $f'(\alpha) = f'(\beta) = 0$

(나) $\dfrac{\tan\beta - \tan\alpha}{\beta - \alpha} + \dfrac{1}{\beta} = 0$

$\displaystyle\lim_{x \to 0} \dfrac{f(x)}{x^2} = c$일 때, $f\left(\dfrac{\beta - \alpha}{3}\right) + c = p + q\pi$이다. 두 유리수 p, q에 대하여 $120 \times (p+q)$의 값을 구하시오. (단, a, b, c는 상수이고, $a < 1$이다.) [4점]

＊ 확인 사항

○ 답안지의 해당란에 필요한 내용을 정확히 기입(표기)했는지 확인 하시오.

제 2 교시

수학 영역

06회

● 문항수 30개 | 배점 100점 | 제한 시간 100분

● 배점은 2점, 3점 또는 4점

5지선다형

1. $\sqrt[3]{27} \times 4^{-\frac{1}{2}}$ 의 값은? [2점]

① $\frac{1}{2}$ ② $\frac{3}{4}$ ③ 1 ④ $\frac{5}{4}$ ⑤ $\frac{3}{2}$

2. 함수 $f(x) = x^2 - 2x + 3$ 에 대하여 $\lim\limits_{h \to 0} \dfrac{f(3+h) - f(3)}{h}$ 의 값은? [2점]

① 1 ② 2 ③ 3 ④ 4 ⑤ 5

3. 수열 $\{a_n\}$ 에 대하여 $\sum\limits_{k=1}^{10}(2a_k + 3) = 60$ 일 때, $\sum\limits_{k=1}^{10} a_k$ 의 값은? [3점]

① 10 ② 15 ③ 20 ④ 25 ⑤ 30

4. 실수 전체의 집합에서 연속인 함수 $f(x)$ 가

$$\lim\limits_{x \to 1} f(x) = 4 - f(1)$$

을 만족시킬 때, $f(1)$ 의 값은? [3점]

① 1 ② 2 ③ 3 ④ 4 ⑤ 5

5. 다항함수 $f(x)$에 대하여 함수 $g(x)$를

$$g(x) = (x^3 + 1)f(x)$$

라 하자. $f(1) = 2$, $f'(1) = 3$일 때, $g'(1)$의 값은? [3점]

① 12 　　② 14 　　③ 16 　　④ 18 　　⑤ 20

6. $\cos\theta < 0$이고 $\sin(-\theta) = \dfrac{1}{7}\cos\theta$일 때, $\sin\theta$의 값은? [3점]

① $-\dfrac{3\sqrt{2}}{10}$ 　　② $-\dfrac{\sqrt{2}}{10}$ 　　③ 0

④ $\dfrac{\sqrt{2}}{10}$ 　　⑤ $\dfrac{3\sqrt{2}}{10}$

7. 상수 $a\,(a > 2)$에 대하여 함수 $y = \log_2(x-a)$의 그래프의 점근선이 두 곡선 $y = \log_2\dfrac{x}{4}$, $y = \log_{\frac{1}{2}}x$와 만나는 점을 각각 A, B라 하자. $\overline{AB} = 4$일 때, a의 값은? [3점]

① 4 　　② 6 　　③ 8 　　④ 10 　　⑤ 12

8. 두 곡선 $y=2x^2-1$, $y=x^3-x^2+k$가 만나는 점의 개수가 2가 되도록 하는 양수 k의 값은? [3점]

① 1   ② 2   ③ 3   ④ 4   ⑤ 5

9. 수열 $\{a_n\}$이 모든 자연수 n에 대하여

$$\sum_{k=1}^{n}\frac{1}{(2k-1)a_k}=n^2+2n$$

을 만족시킬 때, $\sum_{n=1}^{10}a_n$의 값은? [4점]

① $\dfrac{10}{21}$ ② $\dfrac{4}{7}$ ③ $\dfrac{2}{3}$ ④ $\dfrac{16}{21}$ ⑤ $\dfrac{6}{7}$

10. 양수 k에 대하여 함수 $f(x)$는

$$f(x)=kx(x-2)(x-3)$$

이다. 곡선 $y=f(x)$와 x축이 원점 O와 두 점 P, Q($\overline{\text{OP}}<\overline{\text{OQ}}$)에서 만난다. 곡선 $y=f(x)$와 선분 OP로 둘러싸인 영역을 A, 곡선 $y=f(x)$와 선분 PQ로 둘러싸인 영역을 B라 하자.

$$(A의\ 넓이)-(B의\ 넓이)=3$$

일 때, k의 값은? [4점]

① $\dfrac{7}{6}$ ② $\dfrac{4}{3}$ ③ $\dfrac{3}{2}$ ④ $\dfrac{5}{3}$ ⑤ $\dfrac{11}{6}$

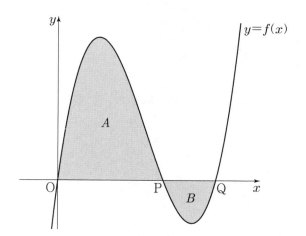

11. 그림과 같이 실수 $t\,(0<t<1)$에 대하여 곡선 $y=x^2$ 위의 점 중에서 직선 $y=2tx-1$과의 거리가 최소인 점을 P라 하고, 직선 OP가 직선 $y=2tx-1$과 만나는 점을 Q라 할 때, $\displaystyle\lim_{t\to 1-}\frac{\overline{PQ}}{1-t}$의 값은? (단, O는 원점이다.) [4점]

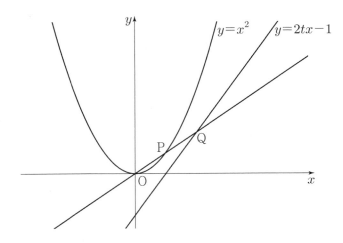

① $\sqrt{6}$ ② $\sqrt{7}$ ③ $2\sqrt{2}$ ④ 3 ⑤ $\sqrt{10}$

12. $a_2=-4$이고 공차가 0이 아닌 등차수열 $\{a_n\}$에 대하여 수열 $\{b_n\}$을 $b_n=a_n+a_{n+1}\,(n\ge 1)$이라 하고, 두 집합 A, B를

$$A=\{a_1,\,a_2,\,a_3,\,a_4,\,a_5\},\quad B=\{b_1,\,b_2,\,b_3,\,b_4,\,b_5\}$$

라 하자. $n(A\cap B)=3$이 되도록 하는 모든 수열 $\{a_n\}$에 대하여 a_{20}의 값의 합은? [4점]

① 30   ② 34   ③ 38   ④ 42   ⑤ 46

[해설편 p.052]

13. 그림과 같이

$$\overline{BC}=3,\ \overline{CD}=2,\ \cos(\angle BCD)=-\frac{1}{3},\ \angle DAB>\frac{\pi}{2}$$

인 사각형 ABCD에서 두 삼각형 ABC와 ACD는 모두
예각삼각형이다. 선분 AC를 $1:2$로 내분하는 점 E에 대하여
선분 AE를 지름으로 하는 원이 두 선분 AB, AD와 만나는
점 중 A가 아닌 점을 각각 P_1, P_2라 하고,
선분 CE를 지름으로 하는 원이 두 선분 BC, CD와 만나는
점 중 C가 아닌 점을 각각 Q_1, Q_2라 하자.
$\overline{P_1P_2}:\overline{Q_1Q_2}=3:5\sqrt{2}$ 이고 삼각형 ABD의 넓이가 2일 때,
$\overline{AB}+\overline{AD}$ 의 값은? (단, $\overline{AB}>\overline{AD}$) [4점]

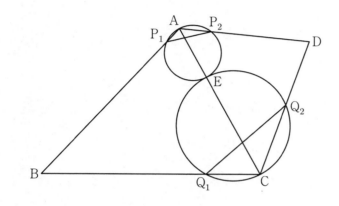

① $\sqrt{21}$ ② $\sqrt{22}$ ③ $\sqrt{23}$ ④ $2\sqrt{6}$ ⑤ 5

14. 실수 $a\,(a\geq0)$에 대하여 수직선 위를 움직이는 점 P의
시각 $t\,(t\geq0)$에서의 속도 $v(t)$를

$$v(t)=-t(t-1)(t-a)(t-2a)$$

라 하자. 점 P가 시각 $t=0$일 때 출발한 후 운동 방향을
한 번만 바꾸도록 하는 a에 대하여, 시각 $t=0$에서 $t=2$까지
점 P의 위치의 변화량의 최댓값은? [4점]

① $\frac{1}{5}$ ② $\frac{7}{30}$ ③ $\frac{4}{15}$ ④ $\frac{3}{10}$ ⑤ $\frac{1}{3}$

15. 자연수 k에 대하여 다음 조건을 만족시키는 수열 $\{a_n\}$이 있다.

> $a_1 = k$이고, 모든 자연수 n에 대하여
>
> $$a_{n+1} = \begin{cases} a_n + 2n - k & (a_n \le 0) \\ a_n - 2n - k & (a_n > 0) \end{cases}$$
>
> 이다.

$a_3 \times a_4 \times a_5 \times a_6 < 0$이 되도록 하는 모든 k의 값의 합은? [4점]

① 10   ② 14   ③ 18   ④ 22   ⑤ 26

단답형

16. 부등식 $2^{x-6} \le \left(\dfrac{1}{4}\right)^x$을 만족시키는 모든 자연수 x의 값의 합을 구하시오. [3점]

17. 함수 $f(x)$에 대하여 $f'(x) = 8x^3 - 1$이고 $f(0) = 3$일 때, $f(2)$의 값을 구하시오. [3점]

18. 두 상수 a, b에 대하여 삼차함수 $f(x) = ax^3 + bx + a$는 $x = 1$에서 극소이다. 함수 $f(x)$의 극솟값이 -2일 때, 함수 $f(x)$의 극댓값을 구하시오. [3점]

19. 두 자연수 a, b에 대하여 함수

$$f(x) = a\sin bx + 8 - a$$

가 다음 조건을 만족시킬 때, $a + b$의 값을 구하시오. [3점]

(가) 모든 실수 x에 대하여 $f(x) \geq 0$이다.

(나) $0 \leq x < 2\pi$일 때, x에 대한 방정식 $f(x) = 0$의 서로 다른 실근의 개수는 4이다.

20. 최고차항의 계수가 1인 이차함수 $f(x)$에 대하여 함수

$$g(x) = \int_0^x f(t)\,dt$$

가 다음 조건을 만족시킬 때, $f(9)$의 값을 구하시오. [4점]

$x \geq 1$인 모든 실수 x에 대하여
$g(x) \geq g(4)$이고 $|g(x)| \geq |g(3)|$이다.

21. 실수 t에 대하여 두 곡선 $y = t - \log_2 x$와 $y = 2^{x-t}$이 만나는 점의 x좌표를 $f(t)$라 하자.

<보기>의 각 명제에 대하여 다음 규칙에 따라 A, B, C의 값을 정할 때, $A + B + C$의 값을 구하시오. (단, $A + B + C \neq 0$) [4점]

- 명제 ㄱ이 참이면 $A = 100$, 거짓이면 $A = 0$이다.
- 명제 ㄴ이 참이면 $B = 10$, 거짓이면 $B = 0$이다.
- 명제 ㄷ이 참이면 $C = 1$, 거짓이면 $C = 0$이다.

─────────〈보 기〉─────────

ㄱ. $f(1) = 1$이고 $f(2) = 2$이다.

ㄴ. 실수 t의 값이 증가하면 $f(t)$의 값도 증가한다.

ㄷ. 모든 양의 실수 t에 대하여 $f(t) \geq t$이다.

─────────────────────────

22. 정수 $a(a \neq 0)$에 대하여 함수 $f(x)$를

$$f(x) = x^3 - 2ax^2$$

이라 하자. 다음 조건을 만족시키는 모든 정수 k의 값의 곱이 -12가 되도록 하는 a에 대하여 $f'(10)$의 값을 구하시오. [4점]

함수 $f(x)$에 대하여

$$\left\{ \frac{f(x_1) - f(x_2)}{x_1 - x_2} \right\} \times \left\{ \frac{f(x_2) - f(x_3)}{x_2 - x_3} \right\} < 0$$

을 만족시키는 세 실수 x_1, x_2, x_3이 열린구간 $\left(k, k + \dfrac{3}{2} \right)$에 존재한다.

---

* 확인 사항

◦ 답안지의 해당란에 필요한 내용을 정확히 기입(표기)했는지 확인하시오.

◦ 이어서, 「선택과목(미적분)」 문제가 제시되오니, 자신이 선택한 과목인지 확인하시오.

제2교시

수학 영역(미적분)

06회

5지선다형

23. $\lim\limits_{n \to \infty}\left(\sqrt{n^2+9n} - \sqrt{n^2+4n}\right)$의 값은? [2점]

① $\dfrac{1}{2}$　　② 1　　③ $\dfrac{3}{2}$　　④ 2　　⑤ $\dfrac{5}{2}$

24. 매개변수 t로 나타내어진 곡선

$$x = \frac{5t}{t^2+1}, \quad y = 3\ln(t^2+1)$$

에서 $t=2$일 때, $\dfrac{dy}{dx}$의 값은? [3점]

① -1　　② -2　　③ -3　　④ -4　　⑤ -5

25. $\lim\limits_{x \to 0} \dfrac{2^{ax+b}-8}{2^{bx}-1} = 16$ 일 때, $a+b$ 의 값은?

(단, a 와 b 는 0이 아닌 상수이다.) [3점]

① 9   ② 10   ③ 11   ④ 12   ⑤ 13

26. x 에 대한 방정식 $x^2 - 5x + 2\ln x = t$ 의 서로 다른 실근의 개수가 2가 되도록 하는 모든 실수 t 의 값의 합은? [3점]

① $-\dfrac{17}{2}$ ② $-\dfrac{33}{4}$ ③ -8 ④ $-\dfrac{31}{4}$ ⑤ $-\dfrac{15}{2}$

27. 실수 $t\,(0<t<\pi)$에 대하여 곡선 $y=\sin x$ 위의 점 $\mathrm{P}(t,\,\sin t)$에서의 접선과 점 P를 지나고 기울기가 -1인 직선이 이루는 예각의 크기를 θ라 할 때, $\displaystyle\lim_{t\to\pi-}\dfrac{\tan\theta}{(\pi-t)^2}$의 값은? [3점]

① $\dfrac{1}{16}$　② $\dfrac{1}{8}$　③ $\dfrac{1}{4}$　④ $\dfrac{1}{2}$　⑤ 1

28. 두 상수 $a\,(a>0)$, b에 대하여 실수 전체의 집합에서 연속인 함수 $f(x)$가 다음 조건을 만족시킬 때, $a\times b$의 값은? [4점]

> (가) 모든 실수 x에 대하여
> $$\{f(x)\}^2+2f(x)=a\cos^3\pi x\times e^{\sin^2\pi x}+b$$
> 이다.
> (나) $f(0)=f(2)+1$

① $-\dfrac{1}{16}$　② $-\dfrac{7}{64}$　③ $-\dfrac{5}{32}$　④ $-\dfrac{13}{64}$　⑤ $-\dfrac{1}{4}$

06회

29. 세 실수 a, b, k에 대하여 두 점 $\mathrm{A}(a, a+k)$, $\mathrm{B}(b, b+k)$가 곡선 $C : x^2 - 2xy + 2y^2 = 15$ 위에 있다. 곡선 C 위의 점 A에서의 접선과 곡선 C 위의 점 B에서의 접선이 서로 수직일 때, k^2의 값을 구하시오. (단, $a + 2k \neq 0$, $b + 2k \neq 0$) [4점]

30. 수열 $\{a_n\}$은 등비수열이고, 수열 $\{b_n\}$을 모든 자연수 n에 대하여

$$b_n = \begin{cases} -1 & (a_n \leq -1) \\ a_n & (a_n > -1) \end{cases}$$

이라 할 때, 수열 $\{b_n\}$은 다음 조건을 만족시킨다.

> (가) 급수 $\displaystyle\sum_{n=1}^{\infty} b_{2n-1}$은 수렴하고 그 합은 -3이다.
>
> (나) 급수 $\displaystyle\sum_{n=1}^{\infty} b_{2n}$은 수렴하고 그 합은 8이다.

$b_3 = -1$일 때, $\displaystyle\sum_{n=1}^{\infty} |a_n|$의 값을 구하시오. [4점]

2023학년도 대학수학능력시험 6월 모의평가 문제지   **1**

제 2 교시

수학 영역

07회

● 문항수 **30개** | 배점 **100점** | 제한 시간 **100분**

● 배점은 2점, 3점 또는 4점

5지선다형

1. $(-\sqrt{2})^4 \times 8^{-\frac{2}{3}}$ 의 값은? [2점]

① 1   ② 2   ③ 3   ④ 4   ⑤ 5

2. 함수 $f(x) = x^3 + 9$ 에 대하여 $\lim\limits_{h \to 0} \dfrac{f(2+h) - f(2)}{h}$ 의 값은? [2점]

① 11   ② 12   ③ 13   ④ 14   ⑤ 15

3. $\dfrac{\pi}{2} < \theta < \pi$ 인 θ 에 대하여 $\cos^2\theta = \dfrac{4}{9}$ 일 때, $\sin^2\theta + \cos\theta$ 의 값은? [3점]

① $-\dfrac{4}{9}$ ② $-\dfrac{1}{3}$ ③ $-\dfrac{2}{9}$ ④ $-\dfrac{1}{9}$ ⑤ 0

4. 함수 $y = f(x)$ 의 그래프가 그림과 같다.

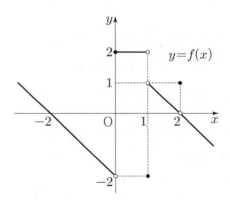

$\lim\limits_{x \to 0-} f(x) + \lim\limits_{x \to 1+} f(x)$ 의 값은? [3점]

① -2 ② -1 ③ 0   ④ 1   ⑤ 2

5. 모든 항이 양수인 등비수열 $\{a_n\}$에 대하여

$$a_1 = \frac{1}{4}, \quad a_2 + a_3 = \frac{3}{2}$$

일 때, $a_6 + a_7$의 값은? [3점]

① 16 　　② 20 　　③ 24 　　④ 28 　　⑤ 32

6. 두 양수 a, b에 대하여 함수 $f(x)$가

$$f(x) = \begin{cases} x+a & (x < -1) \\ x & (-1 \le x < 3) \\ bx-2 & (x \ge 3) \end{cases}$$

이다. 함수 $|f(x)|$가 실수 전체의 집합에서 연속일 때, $a+b$의 값은? [3점]

① $\frac{7}{3}$ 　　② $\frac{8}{3}$ 　　③ 3 　　④ $\frac{10}{3}$ 　　⑤ $\frac{11}{3}$

7. 닫힌구간 $[0, \pi]$에서 정의된 함수 $f(x) = -\sin 2x$가 $x=a$에서 최댓값을 갖고 $x=b$에서 최솟값을 갖는다. 곡선 $y=f(x)$ 위의 두 점 $(a, f(a))$, $(b, f(b))$를 지나는 직선의 기울기는? [3점]

① $\frac{1}{\pi}$ 　　② $\frac{2}{\pi}$ 　　③ $\frac{3}{\pi}$ 　　④ $\frac{4}{\pi}$ 　　⑤ $\frac{5}{\pi}$

8. 실수 전체의 집합에서 미분가능하고 다음 조건을 만족시키는 모든 함수 $f(x)$에 대하여 $f(5)$의 최솟값은? [3점]

> (가) $f(1) = 3$
> (나) $1 < x < 5$인 모든 실수 x에 대하여 $f'(x) \geq 5$이다.

① 21   ② 22   ③ 23   ④ 24   ⑤ 25

9. 두 함수

$$f(x) = x^3 - x + 6, \quad g(x) = x^2 + a$$

가 있다. $x \geq 0$인 모든 실수 x에 대하여 부등식

$$f(x) \geq g(x)$$

가 성립할 때, 실수 a의 최댓값은? [4점]

① 1   ② 2   ③ 3   ④ 4   ⑤ 5

10. 그림과 같이 $\overline{AB} = 3$, $\overline{BC} = 2$, $\overline{AC} > 3$이고 $\cos(\angle BAC) = \dfrac{7}{8}$인 삼각형 ABC가 있다. 선분 AC의 중점을 M, 삼각형 ABC의 외접원이 직선 BM과 만나는 점 중 B가 아닌 점을 D라 할 때, 선분 MD의 길이는? [4점]

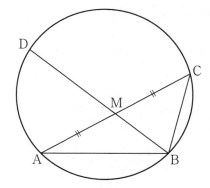

① $\dfrac{3\sqrt{10}}{5}$ ② $\dfrac{7\sqrt{10}}{10}$ ③ $\dfrac{4\sqrt{10}}{5}$

④ $\dfrac{9\sqrt{10}}{10}$ ⑤ $\sqrt{10}$

11. 시각 $t=0$일 때 동시에 원점을 출발하여 수직선 위를 움직이는 두 점 P, Q의 시각 $t\,(t \geq 0)$에서의 속도가 각각

$$v_1(t) = 2 - t, \quad v_2(t) = 3t$$

이다. 출발한 시각부터 점 P가 원점으로 돌아올 때까지 점 Q가 움직인 거리는? [4점]

① 16　　　② 18　　　③ 20　　　④ 22　　　⑤ 24

12. 공차가 3인 등차수열 $\{a_n\}$이 다음 조건을 만족시킬 때, a_{10}의 값은? [4점]

> (가) $a_5 \times a_7 < 0$
>
> (나) $\displaystyle\sum_{k=1}^{6} |a_{k+6}| = 6 + \sum_{k=1}^{6} |a_{2k}|$

① $\dfrac{21}{2}$　　　② 11　　　③ $\dfrac{23}{2}$　　　④ 12　　　⑤ $\dfrac{25}{2}$

13. 두 곡선 $y=16^x$, $y=2^x$과 한 점 $A(64, 2^{64})$이 있다. 점 A를 지나며 x축과 평행한 직선이 곡선 $y=16^x$과 만나는 점을 P_1이라 하고, 점 P_1을 지나며 y축과 평행한 직선이 곡선 $y=2^x$과 만나는 점을 Q_1이라 하자. 점 Q_1을 지나며 x축과 평행한 직선이 곡선 $y=16^x$과 만나는 점을 P_2라 하고, 점 P_2를 지나며 y축과 평행한 직선이 곡선 $y=2^x$과 만나는 점을 Q_2라 하자. 이와 같은 과정을 계속하여 n번째 얻은 두 점을 각각 P_n, Q_n이라 하고 점 Q_n의 x좌표를 x_n이라 할 때, $x_n < \dfrac{1}{k}$을 만족시키는 n의 최솟값이 6이 되도록 하는 자연수 k의 개수는? [4점]

① 48 ② 51 ③ 54 ④ 57 ⑤ 60

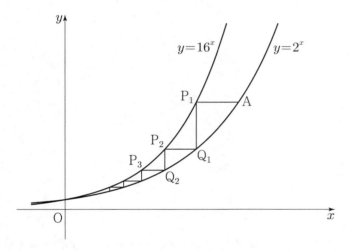

14. 실수 전체의 집합에서 연속인 함수 $f(x)$와 최고차항의 계수가 1인 삼차함수 $g(x)$가

$$g(x) = \begin{cases} -\displaystyle\int_0^x f(t)\,dt & (x<0) \\[2mm] \displaystyle\int_0^x f(t)\,dt & (x \geq 0) \end{cases}$$

을 만족시킬 때, <보기>에서 옳은 것만을 있는 대로 고른 것은? [4점]

<보 기>

ㄱ. $f(0)=0$

ㄴ. 함수 $f(x)$는 극댓값을 갖는다.

ㄷ. $2<f(1)<4$일 때, 방정식 $f(x)=x$의 서로 다른 실근의 개수는 3이다.

① ㄱ ② ㄷ ③ ㄱ, ㄴ
④ ㄱ, ㄷ ⑤ ㄱ, ㄴ, ㄷ

15. 자연수 k에 대하여 다음 조건을 만족시키는 수열 $\{a_n\}$이 있다.

> $a_1 = 0$이고, 모든 자연수 n에 대하여
>
> $$a_{n+1} = \begin{cases} a_n + \dfrac{1}{k+1} & (a_n \le 0) \\[2mm] a_n - \dfrac{1}{k} & (a_n > 0) \end{cases}$$
>
> 이다.

$a_{22} = 0$이 되도록 하는 모든 k의 값의 합은? [4점]

① 12   ② 14   ③ 16   ④ 18   ⑤ 20

16. 방정식 $\log_2(x+2) + \log_2(x-2) = 5$를 만족시키는 실수 x의 값을 구하시오. [3점]

17. 함수 $f(x)$에 대하여 $f'(x) = 8x^3 + 6x^2$이고 $f(0) = -1$일 때, $f(-2)$의 값을 구하시오. [3점]

18. $\sum\limits_{k=1}^{10}(4k+a)=250$ 일 때, 상수 a의 값을 구하시오. [3점]

20. 최고차항의 계수가 2인 이차함수 $f(x)$에 대하여

함수 $g(x)=\int_{x}^{x+1}|f(t)|dt$ 는 $x=1$과 $x=4$에서 극소이다.

$f(0)$의 값을 구하시오. [4점]

19. 함수 $f(x)=x^4+ax^2+b$ 는 $x=1$에서 극소이다.

함수 $f(x)$의 극댓값이 4일 때, $a+b$의 값을 구하시오.

(단, a와 b는 상수이다.) [3점]

21. 자연수 n에 대하여 $4\log_{64}\left(\dfrac{3}{4n+16}\right)$의 값이 정수가 되도록 하는 1000 이하의 모든 n의 값의 합을 구하시오. [4점]

22. 두 양수 a, $b\,(b>3)$과 최고차항의 계수가 1인 이차함수 $f(x)$에 대하여 함수

$$g(x)=\begin{cases}(x+3)f(x) & (x<0)\\(x+a)f(x-b) & (x\geq 0)\end{cases}$$

이 실수 전체의 집합에서 연속이고 다음 조건을 만족시킬 때, $g(4)$의 값을 구하시오. [4점]

$$\lim_{x\to-3}\frac{\sqrt{|g(x)|+\{g(t)\}^2}-|g(t)|}{(x+3)^2}$$ 의 값이 존재하지 않는

실수 t의 값은 -3과 6뿐이다.

★ 확인 사항

○ 답안지의 해당란에 필요한 내용을 정확히 기입(표기)했는지 확인하시오.

○ 이어서, 「선택과목(미적분)」 문제가 제시되오니, 자신이 선택한 과목인지 확인하시오.

5지선다형

23. $\displaystyle\lim_{n\to\infty}\frac{1}{\sqrt{n^2+3n}-\sqrt{n^2+n}}$ 의 값은? [2점]

① 1 ② $\dfrac{3}{2}$ ③ 2 ④ $\dfrac{5}{2}$ ⑤ 3

24. 곡선 $x^2-y\ln x+x=e$ 위의 점 (e, e^2)에서의 접선의 기울기는? [3점]

① $e+1$ ② $e+2$ ③ $e+3$ ④ $2e+1$ ⑤ $2e+2$

25. 함수 $f(x) = x^3 + 2x + 3$의 역함수를 $g(x)$라 할 때, $g'(3)$의 값은? [3점]

① 1   ② $\dfrac{1}{2}$ ③ $\dfrac{1}{3}$ ④ $\dfrac{1}{4}$ ⑤ $\dfrac{1}{5}$

26. 그림과 같이 $\overline{A_1B_1} = 2$, $\overline{B_1A_2} = 3$이고 $\angle A_1B_1A_2 = \dfrac{\pi}{3}$인 삼각형 $A_1A_2B_1$과 이 삼각형의 외접원 O_1이 있다.

점 A_2를 지나고 직선 A_1B_1에 평행한 직선이 원 O_1과 만나는 점 중 A_2가 아닌 점을 B_2라 하자. 두 선분 A_1B_2, B_1A_2가 만나는 점을 C_1이라 할 때, 두 삼각형 $A_1A_2C_1$, $B_1C_1B_2$로 만들어진 $\gtrless$ 모양의 도형에 색칠하여 얻은 그림을 R_1이라 하자.

그림 R_1에서 점 B_2를 지나고 직선 B_1A_2에 평행한 직선이 직선 A_1A_2와 만나는 점을 A_3이라 할 때, 삼각형 $A_2A_3B_2$의 외접원을 O_2라 하자. 그림 R_1을 얻은 것과 같은 방법으로 두 점 B_3, C_2를 잡아 원 O_2에 $\gtrless$ 모양의 도형을 그리고 색칠하여 얻은 그림을 R_2라 하자.

이와 같은 과정을 계속하여 n번째 얻은 그림 R_n에 색칠되어 있는 부분의 넓이를 S_n이라 할 때, $\lim\limits_{n\to\infty} S_n$의 값은? [3점]

R_1
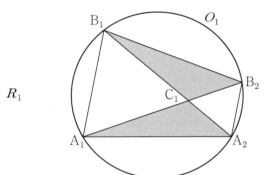

R_2
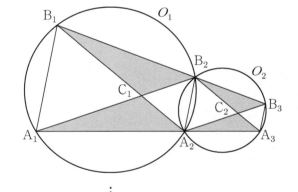

$\vdots$ $\vdots$

① $\dfrac{11\sqrt{3}}{9}$ ② $\dfrac{4\sqrt{3}}{3}$ ③ $\dfrac{13\sqrt{3}}{9}$

④ $\dfrac{14\sqrt{3}}{9}$ ⑤ $\dfrac{5\sqrt{3}}{3}$

27. 첫째항이 4인 등차수열 $\{a_n\}$에 대하여 급수

$$\sum_{n=1}^{\infty}\left(\frac{a_n}{n}-\frac{3n+7}{n+2}\right)$$

이 실수 S에 수렴할 때, S의 값은? [3점]

① $\frac{1}{2}$　② 1　③ $\frac{3}{2}$　④ 2　⑤ $\frac{5}{2}$

28. 최고차항의 계수가 $\frac{1}{2}$인 삼차함수 $f(x)$에 대하여

함수 $g(x)$가

$$g(x)=\begin{cases} \ln|f(x)| & (f(x)\neq 0) \\ 1 & (f(x)=0) \end{cases}$$

이고 다음 조건을 만족시킬 때, 함수 $g(x)$의 극솟값은? [4점]

(가) 함수 $g(x)$는 $x\neq 1$인 모든 실수 x에서 연속이다.

(나) 함수 $g(x)$는 $x=2$에서 극대이고,
　　함수 $|g(x)|$는 $x=2$에서 극소이다.

(다) 방정식 $g(x)=0$의 서로 다른 실근의 개수는 3이다.

① $\ln\frac{13}{27}$　② $\ln\frac{16}{27}$　③ $\ln\frac{19}{27}$　④ $\ln\frac{22}{27}$　⑤ $\ln\frac{25}{27}$

29. 그림과 같이 반지름의 길이가 1이고 중심각의 크기가 $\dfrac{\pi}{2}$인 부채꼴 OAB가 있다. 호 AB 위의 점 P에서 선분 OA에 내린 수선의 발을 H라 하고, $\angle$OAP를 이등분하는 직선과 세 선분 HP, OP, OB의 교점을 각각 Q, R, S라 하자. $\angle$APH$=\theta$일 때, 삼각형 AQH의 넓이를 $f(\theta)$, 삼각형 PSR의 넓이를 $g(\theta)$라 하자. $\displaystyle\lim_{\theta\to 0+}\dfrac{\theta^3 \times g(\theta)}{f(\theta)}=k$일 때, $100k$의 값을 구하시오. (단, $0<\theta<\dfrac{\pi}{4}$)

[4점]

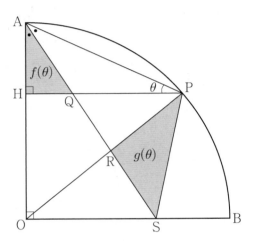

30. 양수 a에 대하여 함수 $f(x)$는

$$f(x)=\frac{x^2-ax}{e^x}$$

이다. 실수 t에 대하여 x에 대한 방정식

$$f(x)=f'(t)(x-t)+f(t)$$

의 서로 다른 실근의 개수를 $g(t)$라 하자.

$g(5)+\displaystyle\lim_{t\to 5}g(t)=5$일 때, $\displaystyle\lim_{t\to k-}g(t)\neq\lim_{t\to k+}g(t)$를 만족시키는 모든 실수 k의 값의 합은 $\dfrac{q}{p}$이다. $p+q$의 값을 구하시오.

(단, p와 q는 서로소인 자연수이다.) [4점]

2022학년도 대학수학능력시험 6월 모의평가 문제지

수학 영역

1

제 2 교시

● 문항수 30개 | 배점 100점 | 제한 시간 100분

08회

● 배점은 2점, 3점 또는 4점

08회

5지선다형

1. $2^{\sqrt{3}} \times 2^{2-\sqrt{3}}$ 의 값은? [2점]

① $\sqrt{2}$ ② 2   ③ $2\sqrt{2}$ ④ 4   ⑤ $4\sqrt{2}$

2. 함수 $f(x)$가

$$f'(x) = 3x^2 - 2x, \quad f(1) = 1$$

을 만족시킬 때, $f(2)$의 값은? [2점]

① 1   ② 2   ③ 3   ④ 4   ⑤ 5

3. $\pi < \theta < \dfrac{3}{2}\pi$ 인 θ에 대하여 $\tan\theta = \dfrac{12}{5}$ 일 때, $\sin\theta + \cos\theta$ 의 값은? [3점]

① $-\dfrac{17}{13}$ ② $-\dfrac{7}{13}$ ③ 0   ④ $\dfrac{7}{13}$ ⑤ $\dfrac{17}{13}$

4. 함수 $y = f(x)$의 그래프가 그림과 같다.

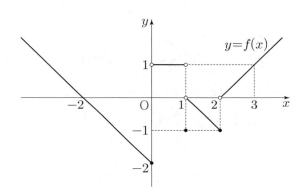

$\displaystyle\lim_{x \to 0-} f(x) + \lim_{x \to 2+} f(x)$의 값은? [3점]

① -2 ② -1 ③ 0   ④ 1   ⑤ 2

5. 다항함수 $f(x)$에 대하여 함수 $g(x)$를

$$g(x) = (x^2 + 3)f(x)$$

라 하자. $f(1) = 2$, $f'(1) = 1$일 때, $g'(1)$의 값은? [3점]

① 6 ② 7 ③ 8 ④ 9 ⑤ 10

6. 곡선 $y = 3x^2 - x$와 직선 $y = 5x$로 둘러싸인 부분의 넓이는?

[3점]

① 1 ② 2 ③ 3 ④ 4 ⑤ 5

7. 첫째항이 2인 등차수열 $\{a_n\}$의 첫째항부터 제 n항까지의 합을 S_n이라 하자.

$$a_6 = 2(S_3 - S_2)$$

일 때, S_{10}의 값은? [3점]

① 100 ② 110 ③ 120 ④ 130 ⑤ 140

8. 함수

$$f(x) = \begin{cases} -2x+6 & (x < a) \\ 2x-a & (x \geq a) \end{cases}$$

에 대하여 함수 $\{f(x)\}^2$이 실수 전체의 집합에서 연속이 되도록 하는 모든 상수 a의 값의 합은? [3점]

① 2   ② 4   ③ 6   ④ 8   ⑤ 10

9. 수열 $\{a_n\}$이 모든 자연수 n에 대하여

$$a_{n+1} = \begin{cases} \dfrac{1}{a_n} & (n이 \ 홀수인 \ 경우) \\ 8a_n & (n이 \ 짝수인 \ 경우) \end{cases}$$

이고 $a_{12} = \dfrac{1}{2}$일 때, $a_1 + a_4$의 값은? [4점]

① $\dfrac{3}{4}$ ② $\dfrac{9}{4}$ ③ $\dfrac{5}{2}$ ④ $\dfrac{17}{4}$ ⑤ $\dfrac{9}{2}$

10. $n \geq 2$인 자연수 n에 대하여 두 곡선

$$y = \log_n x, \quad y = -\log_n(x+3)+1$$

이 만나는 점의 x좌표가 1보다 크고 2보다 작도록 하는 모든 n의 값의 합은? [4점]

① 30   ② 35   ③ 40   ④ 45   ⑤ 50

11. 닫힌구간 $[0, 1]$ 에서 연속인 함수 $f(x)$ 가

$$f(0) = 0, \quad f(1) = 1, \quad \int_0^1 f(x)\,dx = \frac{1}{6}$$

을 만족시킨다. 실수 전체의 집합에서 정의된 함수 $g(x)$ 가

다음 조건을 만족시킬 때, $\displaystyle\int_{-3}^2 g(x)\,dx$ 의 값은? [4점]

$$(가) \ g(x) = \begin{cases} -f(x+1)+1 & (-1 < x < 0) \\ f(x) & (0 \le x \le 1) \end{cases}$$

(나) 모든 실수 x 에 대하여 $g(x+2) = g(x)$ 이다.

① $\dfrac{5}{2}$ ② $\dfrac{17}{6}$ ③ $\dfrac{19}{6}$ ④ $\dfrac{7}{2}$ ⑤ $\dfrac{23}{6}$

12. 그림과 같이 $\overline{AB} = 4$, $\overline{AC} = 5$ 이고 $\cos(\angle BAC) = \dfrac{1}{8}$ 인

삼각형 ABC가 있다. 선분 AC 위의 점 D와 선분 BC 위의

점 E에 대하여

$$\angle BAC = \angle BDA = \angle BED$$

일 때, 선분 DE의 길이는? [4점]

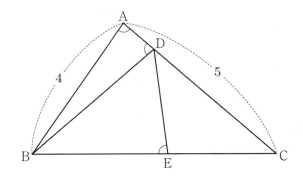

① $\dfrac{7}{3}$ ② $\dfrac{5}{2}$ ③ $\dfrac{8}{3}$ ④ $\dfrac{17}{6}$ ⑤ 3

13. 실수 전체의 집합에서 정의된 함수 $f(x)$가 구간 $(0, 1]$에서

$$f(x) = \begin{cases} 3 & (0 < x < 1) \\ 1 & (x = 1) \end{cases}$$

이고, 모든 실수 x에 대하여 $f(x+1) = f(x)$를 만족시킨다.

$\displaystyle\sum_{k=1}^{20} \dfrac{k \times f(\sqrt{k})}{3}$의 값은? [4점]

① 150 ② 160 ③ 170 ④ 180 ⑤ 190

14. 두 양수 p, q와 함수 $f(x) = x^3 - 3x^2 - 9x - 12$에 대하여 실수 전체의 집합에서 연속인 함수 $g(x)$가 다음 조건을 만족시킬 때, $p+q$의 값은? [4점]

> (가) 모든 실수 x에 대하여 $xg(x) = |xf(x-p) + qx|$이다.
> (나) 함수 $g(x)$가 $x = a$에서 미분가능하지 않은 실수 a의 개수는 1이다.

① 6 ② 7 ③ 8 ④ 9 ⑤ 10

15. $-1 \leq t \leq 1$인 실수 t에 대하여 x에 대한 방정식

$$\left(\sin \frac{\pi x}{2} - t\right)\left(\cos \frac{\pi x}{2} - t\right) = 0$$

의 실근 중에서 집합 $\{x \mid 0 \leq x < 4\}$에 속하는 가장 작은 값을 $\alpha(t)$, 가장 큰 값을 $\beta(t)$라 하자. <보기>에서 옳은 것만을 있는 대로 고른 것은? [4점]

─────────────<보 기>─────────────

ㄱ. $-1 \leq t < 0$인 모든 실수 t에 대하여 $\alpha(t) + \beta(t) = 5$이다.

ㄴ. $\{t \mid \beta(t) - \alpha(t) = \beta(0) - \alpha(0)\} = \left\{t \;\middle|\; 0 \leq t \leq \dfrac{\sqrt{2}}{2}\right\}$

ㄷ. $\alpha(t_1) = \alpha(t_2)$인 두 실수 t_1, t_2에 대하여
$t_2 - t_1 = \dfrac{1}{2}$이면 $t_1 \times t_2 = \dfrac{1}{3}$이다.

① ㄱ   ② ㄱ, ㄴ   ③ ㄱ, ㄷ
④ ㄴ, ㄷ   ⑤ ㄱ, ㄴ, ㄷ

단 답 형

16. $\log_4 \dfrac{2}{3} + \log_4 24$의 값을 구하시오. [3점]

17. 함수 $f(x) = x^3 - 3x + 12$가 $x = a$에서 극소일 때, $a + f(a)$의 값을 구하시오. (단, a는 상수이다.) [3점]

18. 모든 항이 양수인 등비수열 $\{a_n\}$에 대하여

$$a_2 = 36, \quad a_7 = \frac{1}{3}a_5$$

일 때, a_6의 값을 구하시오. [3점]

19. 수직선 위를 움직이는 점 P의 시각 $t\,(t \geq 0)$에서의 속도 $v(t)$가

$$v(t) = 3t^2 - 4t + k$$

이다. 시각 $t = 0$에서 점 P의 위치는 0이고, 시각 $t = 1$에서 점 P의 위치는 -3이다. 시각 $t = 1$에서 $t = 3$까지 점 P의 위치의 변화량을 구하시오. (단, k는 상수이다.) [3점]

20. 실수 a와 함수 $f(x) = x^3 - 12x^2 + 45x + 3$에 대하여 함수

$$g(x) = \int_a^x \{f(x) - f(t)\} \times \{f(t)\}^4 dt$$

가 오직 하나의 극값을 갖도록 하는 모든 a의 값의 합을 구하시오. [4점]

08회

21. 다음 조건을 만족시키는 최고차항의 계수가 1인 이차함수 $f(x)$가 존재하도록 하는 모든 자연수 n의 값의 합을 구하시오. [4점]

(가) x에 대한 방정식 $(x^n - 64)f(x) = 0$은 서로 다른 두 실근을 갖고, 각각의 실근은 중근이다.

(나) 함수 $f(x)$의 최솟값은 음의 정수이다.

22. 삼차함수 $f(x)$가 다음 조건을 만족시킨다.

(가) 방정식 $f(x) = 0$의 서로 다른 실근의 개수는 2이다.

(나) 방정식 $f(x - f(x)) = 0$의 서로 다른 실근의 개수는 3이다.

$f(1) = 4$, $f'(1) = 1$, $f'(0) > 1$일 때, $f(0) = \dfrac{q}{p}$이다. $p + q$의 값을 구하시오. (단, p와 q는 서로소인 자연수이다.) [4점]

* 확인 사항

○ 답안지의 해당란에 필요한 내용을 정확히 기입(표기)했는지 확인하시오.

○ 이어서, 「**선택과목(미적분)**」 문제가 제시되오니, 자신이 선택한 과목인지 확인하시오.

제 2 교시

수학 영역(미적분)

5지선다형

23. $\lim\limits_{n\to\infty} \dfrac{1}{\sqrt{n^2+n+1}-n}$ 의 값은? [2점]

① 1   ② 2   ③ 3   ④ 4   ⑤ 5

24. 매개변수 t 로 나타내어진 곡선

$$x = e^t + \cos t, \quad y = \sin t$$

에서 $t=0$ 일 때, $\dfrac{dy}{dx}$ 의 값은? [3점]

① $\dfrac{1}{2}$ ② 1   ③ $\dfrac{3}{2}$ ④ 2   ⑤ $\dfrac{5}{2}$

25. 원점에서 곡선 $y = e^{|x|}$ 에 그은 두 접선이 이루는 예각의 크기를 θ 라 할 때, $\tan\theta$ 의 값은? [3점]

① $\dfrac{e}{e^2+1}$ ② $\dfrac{e}{e^2-1}$ ③ $\dfrac{2e}{e^2+1}$

④ $\dfrac{2e}{e^2-1}$ ⑤ 1

26. 그림과 같이 중심이 O_1, 반지름의 길이가 1이고 중심각의 크기가 $\dfrac{5\pi}{12}$ 인 부채꼴 $O_1A_1O_2$ 가 있다. 호 A_1O_2 위에 점 B_1 을 $\angle A_1O_1B_1 = \dfrac{\pi}{4}$ 가 되도록 잡고, 부채꼴 $O_1A_1B_1$ 에 색칠하여 얻은 그림을 R_1 이라 하자.

그림 R_1 에서 점 O_2 를 지나고 선분 O_1A_1 에 평행한 직선이 직선 O_1B_1 과 만나는 점을 A_2 라 하자. 중심이 O_2 이고 중심각의 크기가 $\dfrac{5\pi}{12}$ 인 부채꼴 $O_2A_2O_3$ 을 부채꼴 $O_1A_1B_1$ 과 겹치지 않도록 그린다. 호 A_2O_3 위에 점 B_2 를 $\angle A_2O_2B_2 = \dfrac{\pi}{4}$ 가 되도록 잡고, 부채꼴 $O_2A_2B_2$ 에 색칠하여 얻은 그림을 R_2 라 하자.

이와 같은 과정을 계속하여 n번째 얻은 그림 R_n 에 색칠되어 있는 부분의 넓이를 S_n 이라 할 때, $\lim\limits_{n \to \infty} S_n$ 의 값은? [3점]

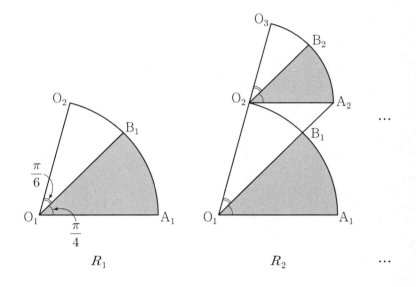

① $\dfrac{3\pi}{16}$ ② $\dfrac{7\pi}{32}$ ③ $\dfrac{\pi}{4}$ ④ $\dfrac{9\pi}{32}$ ⑤ $\dfrac{5\pi}{16}$

27. 두 함수

$$f(x) = e^x, \quad g(x) = k\sin x$$

에 대하여 방정식 $f(x) = g(x)$의 서로 다른 양의 실근의 개수가 3일 때, 양수 k의 값은? [3점]

① $\sqrt{2}e^{\frac{3\pi}{2}}$ ② $\sqrt{2}e^{\frac{7\pi}{4}}$ ③ $\sqrt{2}e^{2\pi}$

④ $\sqrt{2}e^{\frac{9\pi}{4}}$ ⑤ $\sqrt{2}e^{\frac{5\pi}{2}}$

28. 그림과 같이 길이가 2인 선분 AB를 지름으로 하는 반원의 호 AB 위에 점 P가 있다. 선분 AB의 중점을 O라 할 때, 점 B를 지나고 선분 AB에 수직인 직선이 직선 OP와 만나는 점을 Q라 하고, ∠OQB의 이등분선이 직선 AP와 만나는 점을 R라 하자. ∠OAP $= \theta$일 때, 삼각형 OAP의 넓이를 $f(\theta)$, 삼각형 PQR의 넓이를 $g(\theta)$라 하자.

$\displaystyle\lim_{\theta \to 0+} \dfrac{g(\theta)}{\theta^4 \times f(\theta)}$의 값은? (단, $0 < \theta < \dfrac{\pi}{4}$) [4점]

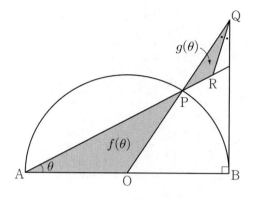

① 2 ② $\dfrac{5}{2}$ ③ 3 ④ $\dfrac{7}{2}$ ⑤ 4

29. $t > 2e$ 인 실수 t에 대하여 함수 $f(x) = t(\ln x)^2 - x^2$ 이 $x = k$에서 극대일 때, 실수 k의 값을 $g(t)$라 하면 $g(t)$는 미분가능한 함수이다. $g(\alpha) = e^2$ 인 실수 α에 대하여 $\alpha \times \{g'(\alpha)\}^2 = \dfrac{q}{p}$ 일 때, $p+q$의 값을 구하시오.

(단, p와 q는 서로소인 자연수이다.) [4점]

30. $t > \dfrac{1}{2}\ln 2$ 인 실수 t에 대하여 곡선 $y = \ln(1 + e^{2x} - e^{-2t})$ 과 직선 $y = x + t$ 가 만나는 서로 다른 두 점 사이의 거리를 $f(t)$라 할 때, $f'(\ln 2) = \dfrac{q}{p}\sqrt{2}$ 이다. $p+q$의 값을 구하시오.

(단, p와 q는 서로소인 자연수이다.) [4점]

---

* 확인 사항

○ 답안지의 해당란에 필요한 내용을 정확히 기입(표기)했는지 확인하시오.

2023학년도 7월 고3 전국연합학력평가 문제지

제 2 교시

수학 영역

1

09회

● 문항수 30개 | 배점 100점 | 제한 시간 100분

● 배점은 2점, 3점 또는 4점

09회

5 지 선 다 형

1. $4^{1-\sqrt{3}} \times 2^{2\sqrt{3}-1}$의 값은? [2점]

① $\dfrac{1}{4}$ ② $\dfrac{1}{2}$ ③ 1   ④ 2   ⑤ 4

2. 함수 $f(x)=x^3-7x+5$에 대하여 $\displaystyle\lim_{h \to 0}\dfrac{f(2+h)-f(2)}{h}$의 값은?

[2점]

① 1   ② 2   ③ 3   ④ 4   ⑤ 5

3. $\sin\left(\dfrac{\pi}{2}+\theta\right)=\dfrac{3}{5}$이고 $\sin\theta\cos\theta<0$일 때, $\sin\theta+2\cos\theta$의 값은?

[3점]

① $-\dfrac{2}{5}$ ② $-\dfrac{1}{5}$ ③ 0   ④ $\dfrac{1}{5}$ ⑤ $\dfrac{2}{5}$

4. 함수 $y=f(x)$의 그래프가 그림과 같다.

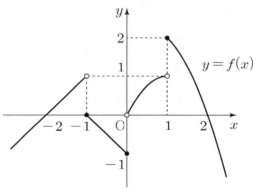

$\displaystyle\lim_{x \to -1+}f(x)+\lim_{x \to 1-}f(x)$의 값은? [3점]

① -1 ② 0   ③ 1   ④ 2   ⑤ 3

5. 함수

$$f(x)=\begin{cases} 3x+a & (x \leq 1) \\ 2x^3+bx+1 & (x > 1) \end{cases}$$

이 $x=1$에서 미분가능할 때, $a+b$의 값은?
(단, a, b는 상수이다.) [3점]

① -8 ② -6 ③ -4 ④ -2 ⑤ 0

6. 모든 항이 양수인 등비수열 $\{a_n\}$에 대하여

$$a_3{}^2=a_6, \quad a_2-a_1=2$$

일 때, a_5의 값은? [3점]

① 20 ② 24 ③ 28 ④ 32 ⑤ 36

7. 함수 $f(x)=x^3+ax^2-9x+4$가 $x=1$에서 극값을 갖는다. 함수 $f(x)$의 극댓값은? (단, a는 상수이다.) [3점]

① 31 ② 33 ③ 35 ④ 37 ⑤ 39

8. 수직선 위를 움직이는 점 P의 시각 t $(t \geq 0)$에서의 속도 $v(t)$가

$$v(t) = t^2 - 4t + 3$$

이다. 점 P가 시각 $t=1$, $t=a$ $(a>1)$에서 운동 방향을 바꿀 때, 점 P가 시각 $t=0$에서 $t=a$까지 움직인 거리는? [3점]

① $\dfrac{7}{3}$ ② $\dfrac{8}{3}$ ③ 3 ④ $\dfrac{10}{3}$ ⑤ $\dfrac{11}{3}$

9. 2 이상의 자연수 n에 대하여 x에 대한 방정식

$$(x^n - 8)(x^{2n} - 8) = 0$$

의 모든 실근의 곱이 -4일 때, n의 값은? [4점]

① 2 ② 3 ③ 4 ④ 5 ⑤ 6

10. $0 \leq x < 2\pi$일 때, 곡선 $y = |4\sin 3x + 2|$와 직선 $y=2$가 만나는 서로 다른 점의 개수는? [4점]

① 3 ② 6 ③ 9 ④ 12 ⑤ 15

11. 최고차항의 계수가 1인 삼차함수 $f(x)$가 다음 조건을 만족시킨다.

> (가) 모든 실수 x에 대하여 $f(1+x)+f(1-x)=0$이다.
> (나) $\displaystyle\int_{-1}^{3} f'(x)dx=12$

$f(4)$의 값은? [4점]

① 24 ② 28 ③ 32 ④ 36 ⑤ 40

12. 모든 항이 정수이고 공차가 5인 등차수열 $\{a_n\}$과 자연수 m이 다음 조건을 만족시킨다.

> (가) $\displaystyle\sum_{k=1}^{2m+1} a_k < 0$
> (나) $|a_m|+|a_{m+1}|+|a_{m+2}| < 13$

$24 < a_{21} < 29$일 때, m의 값은? [4점]

① 10 ② 12 ③ 14 ④ 16 ⑤ 18

13. 그림과 같이 평행사변형 ABCD가 있다. 점 A에서 선분 BD에 내린 수선의 발을 E라 하고, 직선 CE가 선분 AB와 만나는 점을 F라 하자.

$\cos(\angle AFC) = \dfrac{\sqrt{10}}{10}$, $\overline{EC} = 10$이고 삼각형 CDE의 외접원의 반지름의 길이가 $5\sqrt{2}$일 때, 삼각형 AFE의 넓이는? [4점]

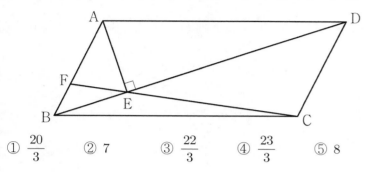

① $\dfrac{20}{3}$ ② 7   ③ $\dfrac{22}{3}$ ④ $\dfrac{23}{3}$ ⑤ 8

14. 최고차항의 계수가 1이고 $f(-3) = f(0)$인 삼차함수 $f(x)$에 대하여 함수 $g(x)$를

$$g(x) = \begin{cases} f(x) & (x < -3 \text{ 또는 } x \geq 0) \\ -f(x) & (-3 \leq x < 0) \end{cases}$$

이라 하자. 함수 $g(x)g(x-3)$이 $x = k$에서 불연속인 실수 k의 값이 한 개일 때, <보기>에서 옳은 것만을 있는 대로 고른 것은? [4점]

> ──── < 보 기 > ────
>
> ㄱ. 함수 $g(x)g(x-3)$은 $x = 0$에서 연속이다.
>
> ㄴ. $f(-6) \times f(3) = 0$
>
> ㄷ. 함수 $g(x)g(x-3)$이 $x = k$에서 불연속인 실수 k가 음수일 때 집합 $\{x \mid f(x) = 0, x$는 실수$\}$의 모든 원소의 합이 -1이면 $g(-1) = -48$이다.

① ㄱ   ② ㄱ, ㄴ   ③ ㄱ, ㄷ
④ ㄴ, ㄷ   ⑤ ㄱ, ㄴ, ㄷ

09회

15. 모든 항이 자연수인 수열 $\{a_n\}$이 다음 조건을 만족시킨다.

> (가) $a_1 < 300$
>
> (나) 모든 자연수 n에 대하여
>
> $$a_{n+1} = \begin{cases} \dfrac{1}{3}a_n & (\log_3 a_n \text{이 자연수인 경우}) \\ a_n + 6 & (\log_3 a_n \text{이 자연수가 아닌 경우}) \end{cases}$$
>
> 이다.

$\displaystyle\sum_{k=4}^{7} a_k = 40$이 되도록 하는 모든 a_1의 값의 합은? [4점]

① 315   ② 321   ③ 327   ④ 333   ⑤ 339

단 답 형

16. 방정식 $\log_2(x-5) = \log_4(x+7)$을 만족시키는 실수 x의 값을 구하시오. [3점]

17. 함수 $f(x)$에 대하여 $f'(x) = 9x^2 - 8x + 1$이고 $f(1) = 10$일 때, $f(2)$의 값을 구하시오. [3점]

18. 두 수열 $\{a_n\}$, $\{b_n\}$에 대하여

$$\sum_{k=1}^{10}(2a_k+3)=40, \quad \sum_{k=1}^{10}(a_k-b_k)=-10$$

일 때, $\sum_{k=1}^{10}(b_k+5)$의 값을 구하시오. [3점]

19. 곡선 $y=x^3-10$ 위의 점 $\mathrm{P}(-2,\,-18)$에서의 접선과
곡선 $y=x^3+k$ 위의 점 Q에서의 접선이 일치할 때,
양수 k의 값을 구하시오. [3점]

20. 실수 $t\left(\sqrt{3}<t<\dfrac{13}{4}\right)$에 대하여 두 함수

$$f(x)=|x^2-3|-2x, \quad g(x)=-x+t$$

의 그래프가 만나는 서로 다른 네 점의 x좌표를 작은 수부터
크기순으로 x_1, x_2, x_3, x_4라 하자. $x_4-x_1=5$일 때,
닫힌구간 $[x_3,\,x_4]$에서 두 함수 $y=f(x)$, $y=g(x)$의 그래프로
둘러싸인 부분의 넓이는 $p-q\sqrt{3}$이다. $p\times q$의 값을 구하시오.
(단, p, q는 유리수이다.) [4점]

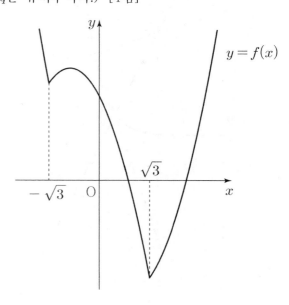

21. 그림과 같이 곡선 $y=2^{x-m}+n$ $(m>0,\ n>0)$과
직선 $y=3x$가 서로 다른 두 점 A, B에서 만날 때,
점 B를 지나며 직선 $y=3x$에 수직인 직선이 y축과 만나는
점을 C라 하자. 직선 CA가 x축과 만나는 점을 D라 하면
점 D는 선분 CA를 $5:3$으로 외분하는 점이다.
삼각형 ABC의 넓이가 20일 때, $m+n$의 값을 구하시오.
(단, 점 A의 x좌표는 점 B의 x좌표보다 작다.) [4점]

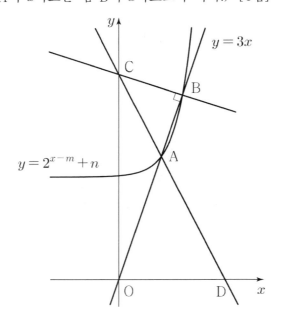

22. 최고차항의 계수가 양수인 사차함수 $f(x)$가 있다. 실수 t에
대하여 함수 $g(x)$를

$$g(x)=f(x)-x-f(t)+t$$

라 할 때, 방정식 $g(x)=0$의 서로 다른 실근의 개수를 $h(t)$라
하자. 두 함수 $f(x)$와 $h(t)$가 다음 조건을 만족시킨다.

(가) $\displaystyle\lim_{t\to-1}\{h(t)-h(-1)\}=\lim_{t\to1}\{h(t)-h(1)\}=2$

(나) $\displaystyle\int_0^{\alpha}f(x)dx=\int_0^{\alpha}|f(x)|dx$를 만족시키는
실수 α의 최솟값은 -1이다.

(다) 모든 실수 x에 대하여 $\displaystyle\frac{d}{dx}\int_0^x\{f(u)-ku\}du\ge0$이
되도록 하는 실수 k의 최댓값은 $f'(\sqrt2)$이다.

$f(6)$의 값을 구하시오. [4점]

---

* 확인 사항

○ 답안지의 해당란에 필요한 내용을 정확히 기입(표기)했는지
  확인하시오.

○ 이어서, 「**선택과목(미적분)**」 문제가 제시되오니, 자신이 선택한
  과목인지 확인하시오.

5 지 선 다 형

23. $\lim\limits_{n \to \infty} 2n\left(\sqrt{n^2+4} - \sqrt{n^2+1}\right)$의 값은? [2점]

① 1   ② 2   ③ 3   ④ 4   ⑤ 5

24. 함수 $f(x) = \ln(x^2 - x + 2)$와 실수 전체의 집합에서 미분가능한 함수 $g(x)$가 있다. 실수 전체의 집합에서 정의된 합성함수 $h(x)$를 $h(x) = f(g(x))$라 하자. $\lim\limits_{x \to 2} \dfrac{g(x)-4}{x-2} = 12$일 때, $h'(2)$의 값은? [3점]

① 4   ② 6   ③ 8   ④ 10   ⑤ 12

25. 곡선 $2e^{x+y-1}=3e^x+x-y$ 위의 점 $(0,\,1)$에서의 접선의 기울기는? [3점]

① $\dfrac{2}{3}$ ② 1 ③ $\dfrac{4}{3}$ ④ $\dfrac{5}{3}$ ⑤ 2

26. 함수 $f(x)$는 실수 전체의 집합에서 도함수가 연속이고

$$\int_1^2 (x-1)f'\left(\dfrac{x}{2}\right)dx=2$$

를 만족시킨다. $f(1)=4$일 때, $\displaystyle\int_{\frac{1}{2}}^1 f(x)dx$의 값은? [3점]

① $\dfrac{3}{4}$ ② 1 ③ $\dfrac{5}{4}$ ④ $\dfrac{3}{2}$ ⑤ $\dfrac{7}{4}$

27. 그림과 같이 $\overline{AB_1}=\overline{AC_1}=\sqrt{17}$, $\overline{B_1C_1}=2$인 삼각형 AB_1C_1이 있다. 선분 AB_1 위의 점 B_2, 선분 AC_1 위의 점 C_2, 삼각형 AB_1C_1의 내부의 점 D_1을

$$\overline{B_1D_1}=\overline{B_2D_1}=\overline{C_1D_1}=\overline{C_2D_1}, \quad \angle B_1D_1B_2 = \angle C_1D_1C_2 = \frac{\pi}{2}$$

가 되도록 잡고, 두 삼각형 $B_1D_1B_2$, $C_1D_1C_2$에 색칠하여 얻은 그림을 R_1이라 하자.

그림 R_1에서 선분 AB_2 위의 점 B_3, 선분 AC_2 위의 점 C_3, 삼각형 AB_2C_2의 내부의 점 D_2를

$$\overline{B_2D_2}=\overline{B_3D_2}=\overline{C_2D_2}=\overline{C_3D_2}, \quad \angle B_2D_2B_3 = \angle C_2D_2C_3 = \frac{\pi}{2}$$

가 되도록 잡고, 두 삼각형 $B_2D_2B_3$, $C_2D_2C_3$에 색칠하여 얻은 그림을 R_2라 하자.

이와 같은 과정을 계속하여 n번째 얻은 그림 R_n에 색칠되어 있는 부분의 넓이를 S_n이라 할 때, $\lim\limits_{n \to \infty} S_n$의 값은? [3점]

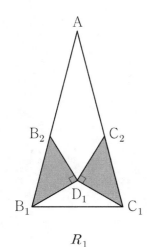
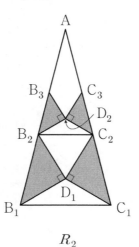

R_1 　　　　 R_2 　···

① 2 　 ② $\dfrac{33}{16}$ 　 ③ $\dfrac{17}{8}$ 　 ④ $\dfrac{35}{16}$ 　 ⑤ $\dfrac{9}{4}$

28. 그림과 같이 중심이 O이고 길이가 2인 선분 AB를 지름으로 하는 원이 있다. 원 위에 점 P를 $\angle PAB = \theta$가 되도록 잡고, 점 P를 포함하지 않는 호 AB 위에 점 Q를 $\angle QAB = 2\theta$가 되도록 잡는다. 직선 OQ가 원과 만나는 점 중 Q가 아닌 점을 R, 두 선분 PA와 QR가 만나는 점을 S라 하자. 삼각형 BOQ의 넓이를 $f(\theta)$, 삼각형 PRS의 넓이를 $g(\theta)$라 할 때, $\lim\limits_{\theta \to 0+} \dfrac{g(\theta)}{f(\theta)}$의 값은? $\left(\text{단, } 0 < \theta < \dfrac{\pi}{6}\right)$

[4점]

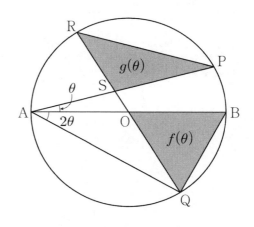

① $\dfrac{11}{10}$ 　 ② $\dfrac{6}{5}$ 　 ③ $\dfrac{13}{10}$ 　 ④ $\dfrac{7}{5}$ 　 ⑤ $\dfrac{3}{2}$

29. 함수 $f(x)$는 실수 전체의 집합에서 도함수가 연속이고
다음 조건을 만족시킨다.

> (가) $x < 1$일 때, $f'(x) = -2x + 4$이다.
> (나) $x \geq 0$인 모든 실수 x에 대하여
> $f(x^2 + 1) = ae^{2x} + bx$이다. (단, a, b는 상수이다.)

$\displaystyle\int_0^5 f(x)dx = pe^4 - q$일 때, $p+q$의 값을 구하시오.
(단, p, q는 유리수이다.) [4점]

30. 최고차항의 계수가 1인 삼차함수 $f(x)$에 대하여 함수
$g(x)$를

$$g(x) = \sin|\pi f(x)|$$

라 하자. 함수 $y = g(x)$의 그래프와 x축이 만나는 점의
x좌표 중 양수인 것을 작은 수부터 크기순으로 모두 나열할 때,
n번째 수를 a_n이라 하자. 함수 $g(x)$와 자연수 m이 다음
조건을 만족시킨다.

> (가) 함수 $g(x)$는 $x = a_4$와 $x = a_8$에서 극대이다.
> (나) $f(a_m) = f(0)$

$f(a_k) \leq f(m)$을 만족시키는 자연수 k의 최댓값을 구하시오.
[4점]

---

* 확인 사항

○ 답안지의 해당란에 필요한 내용을 정확히 기입(표기)했는지 확인
하시오.

수학 영역

● 문항수 30개 | 배점 100점 | 제한 시간 100분 ● 배점은 2점, 3점 또는 4점

5지선다형

1. $3^{2\sqrt{2}} \times 9^{1-\sqrt{2}}$ 의 값은? [2점]

① $\dfrac{1}{9}$ ② $\dfrac{1}{3}$ ③ 1 ④ 3 ⑤ 9

2. 등비수열 $\{a_n\}$에 대하여 $a_2 = \dfrac{1}{2}$, $a_3 = 1$일 때, a_5의 값은?

[2점]

① 2 ② 4 ③ 6 ④ 8 ⑤ 10

3. 함수 $f(x) = x^3 + 2x + 7$에 대하여 $f'(1)$의 값은? [3점]

① 5 ② 6 ③ 7 ④ 8 ⑤ 9

4. 함수 $y = f(x)$의 그래프가 그림과 같다.

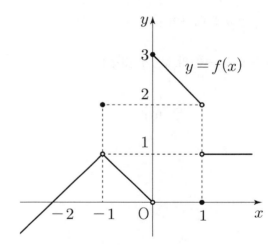

$\lim\limits_{x \to -1} f(x) + \lim\limits_{x \to 1+} f(x)$의 값은? [3점]

① 1 ② 2 ③ 3 ④ 4 ⑤ 5

5. 함수

$$f(x)=\begin{cases}x-1 & (x<2)\\ x^2-ax+3 & (x\ge 2)\end{cases}$$

가 실수 전체의 집합에서 연속일 때, 상수 a의 값은? [3점]

① 1 ② 2 ③ 3 ④ 4 ⑤ 5

6. $0<\theta<\dfrac{\pi}{2}$ 인 θ에 대하여 $\sin\theta=\dfrac{4}{5}$ 일 때,

$\sin\left(\dfrac{\pi}{2}-\theta\right)-\cos(\pi+\theta)$의 값은? [3점]

① $\dfrac{9}{10}$ ② 1 ③ $\dfrac{11}{10}$ ④ $\dfrac{6}{5}$ ⑤ $\dfrac{13}{10}$

7. 첫째항이 $\dfrac{1}{2}$ 인 수열 $\{a_n\}$이 모든 자연수 n에 대하여

$$a_{n+1}=\begin{cases}a_n+1 & (a_n<0)\\ -2a_n+1 & (a_n\ge 0)\end{cases}$$

일 때, $a_{10}+a_{20}$의 값은? [3점]

① -2 ② -1 ③ 0 ④ 1 ⑤ 2

8. 다항함수 $f(x)$가

$$\lim_{x \to \infty} \frac{f(x)}{x^2} = 2, \quad \lim_{x \to 1} \frac{f(x)}{x-1} = 3$$

을 만족시킬 때, $f(3)$의 값은? [3점]

① 11 　② 12 　③ 13 　④ 14 　⑤ 15

10. 곡선 $y = \sin\frac{\pi}{2}x (0 \le x \le 5)$가 직선 $y = k(0 < k < 1)$과 만나는 서로 다른 세 점을 y축에서 가까운 순서대로 A, B, C라 하자. 세 점 A, B, C의 x좌표의 합이 $\frac{25}{4}$일 때, 선분 AB의 길이는? [4점]

① $\frac{5}{4}$ 　② $\frac{11}{8}$ 　③ $\frac{3}{2}$ 　④ $\frac{13}{8}$ 　⑤ $\frac{7}{4}$

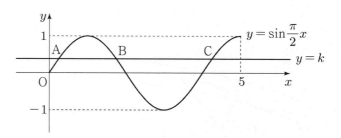

9. 최고차항의 계수가 1인 삼차함수 $f(x)$가

$$\int_0^1 f'(x)dx = \int_0^2 f'(x)dx = 0$$

을 만족시킬 때, $f'(1)$의 값은? [4점]

① -4 　② -3 　③ -2 　④ -1 　⑤ 0

11. 기울기가 $\frac{1}{2}$인 직선 l이 곡선 $y = \log_2 2x$와 서로 다른

두 점에서 만날 때, 만나는 두 점 중 x좌표가 큰 점을 A라

하고, 직선 l이 곡선 $y = \log_2 4x$와 만나는 두 점 중 x좌표가

큰 점을 B라 하자. $\overline{AB} = 2\sqrt{5}$일 때, 점 A에서 x축에 내린

수선의 발 C에 대하여 삼각형 ACB의 넓이는? [4점]

① 5   ② $\frac{21}{4}$ ③ $\frac{11}{2}$ ④ $\frac{23}{4}$ ⑤ 6

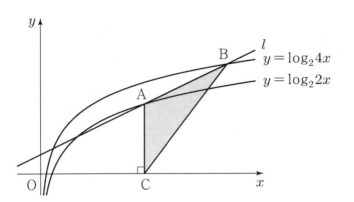

12. 첫째항이 2인 수열 $\{a_n\}$의 첫째항부터 제n항까지의 합을

S_n이라 하자. 다음은 모든 자연수 n에 대하여

$$\sum_{k=1}^{n} \frac{3S_k}{k+2} = S_n$$

이 성립할 때, a_{10}의 값을 구하는 과정이다.

$n \geq 2$인 모든 자연수 n에 대하여
$$a_n = S_n - S_{n-1}$$
$$= \sum_{k=1}^{n} \frac{3S_k}{k+2} - \sum_{k=1}^{n-1} \frac{3S_k}{k+2} = \frac{3S_n}{n+2}$$
이므로 $3S_n = (n+2) \times a_n$ $(n \geq 2)$
이다.
$S_1 = a_1$에서 $3S_1 = 3a_1$이므로
$3S_n = (n+2) \times a_n$ $(n \geq 1)$
이다.
$$3a_n = 3(S_n - S_{n-1})$$
$$= (n+2) \times a_n - (\boxed{(가)}) \times a_{n-1} \ (n \geq 2)$$
$$\frac{a_n}{a_{n-1}} = \boxed{(나)} \ (n \geq 2)$$
따라서
$$a_{10} = a_1 \times \frac{a_2}{a_1} \times \frac{a_3}{a_2} \times \frac{a_4}{a_3} \times \cdots \times \frac{a_9}{a_8} \times \frac{a_{10}}{a_9}$$
$$= \boxed{(다)}$$

위의 (가), (나)에 알맞은 식을 각각 $f(n)$, $g(n)$이라 하고,

(다)에 알맞은 수를 p라 할 때, $\dfrac{f(p)}{g(p)}$의 값은? [4점]

① 109   ② 112   ③ 115   ④ 118   ⑤ 121

13. 최고차항의 계수가 1이고 $f(0)=\dfrac{1}{2}$인 삼차함수 $f(x)$에 대하여 함수 $g(x)$를

$$g(x)=\begin{cases} f(x) & (x<-2) \\ f(x)+8 & (x\ge -2) \end{cases}$$

라 하자. 방정식 $g(x)=f(-2)$의 실근이 2뿐일 때, 함수 $f(x)$의 극댓값은? [4점]

① 3 ② $\dfrac{7}{2}$ ③ 4 ④ $\dfrac{9}{2}$ ⑤ 5

14. 길이가 14인 선분 AB를 지름으로 하는 반원의 호 AB 위에 점 C를 $\overline{\text{BC}}=6$이 되도록 잡는다. 점 D가 호 AC 위의 점일 때, <보기>에서 옳은 것만을 있는 대로 고른 것은? (단, 점 D는 점 A와 점 C가 아닌 점이다.) [4점]

<보 기>

ㄱ. $\sin(\angle \text{CBA})=\dfrac{2\sqrt{10}}{7}$

ㄴ. $\overline{\text{CD}}=7$일 때, $\overline{\text{AD}}=-3+2\sqrt{30}$

ㄷ. 사각형 ABCD의 넓이의 최댓값은 $20\sqrt{10}$ 이다.

① ㄱ   ② ㄱ, ㄴ   ③ ㄱ, ㄷ
④ ㄴ, ㄷ   ⑤ ㄱ, ㄴ, ㄷ

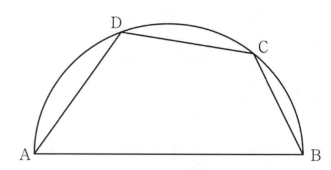

15. 최고차항의 계수가 1인 이차함수 $f(x)$에 대하여 함수

$$g(x) = \begin{cases} f(x+2) & (x < 0) \\ \displaystyle\int_0^x tf(t)dt & (x \geq 0) \end{cases}$$

이 실수 전체의 집합에서 미분가능하다. 실수 a에 대하여 함수 $h(x)$를

$$h(x) = |g(x) - g(a)|$$

라 할 때, 함수 $h(x)$가 $x = k$에서 미분가능하지 않은 실수 k의 개수가 1이 되도록 하는 모든 a의 값의 곱은? [4점]

① $-\dfrac{4\sqrt{3}}{3}$ ② $-\dfrac{7\sqrt{3}}{6}$ ③ $-\sqrt{3}$

④ $-\dfrac{5\sqrt{3}}{6}$ ⑤ $-\dfrac{2\sqrt{3}}{3}$

단 답 형

16. $\log_3 7 \times \log_7 9$의 값을 구하시오. [3점]

17. 함수 $f(x)$에 대하여 $f'(x) = 6x^2 - 2x - 1$이고 $f(1) = 3$일 때, $f(2)$의 값을 구하시오. [3점]

18. 시각 $t=0$일 때 원점을 출발하여 수직선 위를 움직이는 점 P의 시각 $t(t \geq 0)$에서의 속도 $v(t)$가

$$v(t) = 3t^2 + 6t - a$$

이다. 시각 $t=3$에서의 점 P의 위치가 6일 때, 상수 a의 값을 구하시오. [3점]

19. $n \geq 2$인 자연수 n에 대하여 $2n^2 - 9n$의 n제곱근 중에서 실수인 것의 개수를 $f(n)$이라 할 때, $f(3)+f(4)+f(5)+f(6)$의 값을 구하시오. [3점]

20. 최고차항의 계수가 3인 이차함수 $f(x)$에 대하여 함수

$$g(x) = x^2 \int_0^x f(t)dt - \int_0^x t^2 f(t)dt$$

가 다음 조건을 만족시킨다.

(가) 함수 $g(x)$는 극값을 갖지 않는다.
(나) 방정식 $g'(x)=0$의 모든 실근은 0, 3이다.

$\int_0^3 |f(x)|dx$의 값을 구하시오. [4점]

10회

21. 수열 $\{a_n\}$이 모든 자연수 n에 대하여 다음 조건을 만족시킨다.

> (가) $\displaystyle\sum_{k=1}^{2n} a_k = 17n$
>
> (나) $|a_{n+1} - a_n| = 2n - 1$

$a_2 = 9$일 때, $\displaystyle\sum_{n=1}^{10} a_{2n}$의 값을 구하시오. [4점]

22. 삼차함수 $f(x)$에 대하여 곡선 $y = f(x)$ 위의 점 $(0,\ 0)$에서의 접선의 방정식을 $y = g(x)$라 할 때, 함수 $h(x)$를

$$h(x) = |f(x)| + g(x)$$

라 하자. 함수 $h(x)$가 다음 조건을 만족시킨다.

> (가) 곡선 $y = h(x)$ 위의 점 $(k,\ 0)$ $(k \neq 0)$에서의 접선의 방정식은 $y = 0$이다.
>
> (나) 방정식 $h(x) = 0$의 실근 중에서 가장 큰 값은 12이다.

$h(3) = -\dfrac{9}{2}$일 때, $k \times \{h(6) - h(11)\}$의 값을 구하시오.

(단, k는 상수이다.) [4점]

---

* 확인 사항
○ 답안지의 해당란에 필요한 내용을 정확히 기입(표기)했는지 확인하시오.
○ 이어서, 「**선택과목(미적분)**」 문제가 제시되오니, 자신이 선택한 과목인지 확인하시오.

5지선다형

23. $\lim\limits_{n \to \infty}\left(\sqrt{n^4+5n^2+5}-n^2\right)$의 값은? [2점]

① $\dfrac{7}{4}$ ② 2 ③ $\dfrac{9}{4}$ ④ $\dfrac{5}{2}$ ⑤ $\dfrac{11}{4}$

24. $\displaystyle\int_{1}^{e}\left(\dfrac{3}{x}+\dfrac{2}{x^2}\right)\ln x\,dx - \int_{1}^{e}\dfrac{2}{x^2}\ln x\,dx$의 값은? [3점]

① $\dfrac{1}{2}$ ② 1 ③ $\dfrac{3}{2}$ ④ 2 ⑤ $\dfrac{5}{2}$

25. 매개변수 $t(t>0)$으로 나타내어진 곡선

$$x=t^2\ln t+3t, \quad y=6te^{t-1}$$

에서 $t=1$일 때, $\dfrac{dy}{dx}$의 값은? [3점]

① 1　　　② 2　　　③ 3　　　④ 4　　　⑤ 5

26. 양의 실수 전체의 집합에서 정의된 미분가능한 두 함수 $f(x)$, $g(x)$에 대하여 $f(x)$가 함수 $g(x)$의 역함수이고, $\lim\limits_{x\to 2}\dfrac{f(x)-2}{x-2}=\dfrac{1}{3}$이다. 함수 $h(x)=\dfrac{g(x)}{f(x)}$라 할 때, $h'(2)$의 값은? [3점]

① $\dfrac{7}{6}$　　② $\dfrac{4}{3}$　　③ $\dfrac{3}{2}$　　④ $\dfrac{5}{3}$　　⑤ $\dfrac{11}{6}$

27. 그림과 같이 $\overline{A_1B_1}=1$, $\overline{B_1C_1}=2$인 직사각형 $A_1B_1C_1D_1$이 있다. 선분 A_1D_1의 중점 E_1에 대하여 두 선분 B_1D_1, C_1E_1이 만나는 점을 F_1이라 하자. $\overline{G_1E_1}=\overline{G_1F_1}$이 되도록 선분 B_1D_1 위에 점 G_1을 잡아 삼각형 $G_1F_1E_1$을 그린다. 두 삼각형 $C_1D_1F_1$, $G_1F_1E_1$로 만들어진 ⋈ 모양의 도형에 색칠하여 얻은 그림을 R_1이라 하자.

그림 R_1에서 선분 B_1F_1 위의 점 A_2, 선분 B_1C_1 위의 두 점 B_2, C_2, 선분 C_1F_1 위의 점 D_2를 꼭짓점으로 하고 $\overline{A_2B_2}:\overline{B_2C_2}=1:2$인 직사각형 $A_2B_2C_2D_2$를 그린다. 직사각형 $A_2B_2C_2D_2$에 그림 R_1을 얻은 것과 같은 방법으로 ⋈ 모양의 도형에 색칠하여 얻은 그림을 R_2라 하자.

이와 같은 과정을 계속하여 n번째 얻은 그림 R_n에 색칠되어 있는 부분의 넓이를 S_n이라 할 때, $\lim\limits_{n\to\infty}S_n$의 값은? [3점]

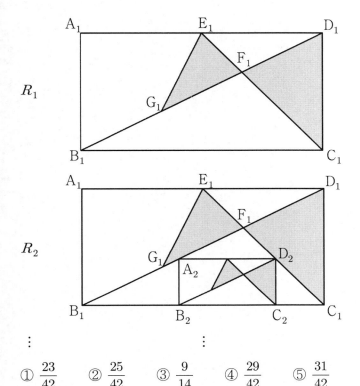

① $\dfrac{23}{42}$ ② $\dfrac{25}{42}$ ③ $\dfrac{9}{14}$ ④ $\dfrac{29}{42}$ ⑤ $\dfrac{31}{42}$

28. 실수 전체의 집합에서 도함수가 연속인 함수 $f(x)$가 모든 실수 x에 대하여 다음 조건을 만족시킨다.

> (가) $f(-x)=f(x)$
> (나) $f(x+2)=f(x)$

$\displaystyle\int_{-1}^{5}f(x)(x+\cos2\pi x)dx=\frac{47}{2}$, $\displaystyle\int_{0}^{1}f(x)dx=2$일 때,

$\displaystyle\int_{0}^{1}f'(x)\sin2\pi x\,dx$의 값은? [4점]

① $\dfrac{\pi}{6}$ ② $\dfrac{\pi}{4}$ ③ $\dfrac{\pi}{3}$ ④ $\dfrac{5}{12}\pi$ ⑤ $\dfrac{\pi}{2}$

29. 그림과 같이 길이가 2인 선분 AB를 지름으로 하는 반원의 호 AB 위에 점 P가 있다. 호 AP 위에 점 Q를 호 BP와 호 PQ의 길이가 같도록 잡을 때, 두 선분 AP, BQ가 만나는 점을 R라 하고 점 B를 지나고 선분 AB에 수직인 직선이 직선 AP와 만나는 점을 S라 하자. ∠BAP $=\theta$라 할 때, 두 선분 PR, QR와 호 PQ로 둘러싸인 부분의 넓이를 $f(\theta)$, 두 선분 PS, BS와 호 BP로 둘러싸인 부분의 넓이를 $g(\theta)$ 라 하자. $\lim\limits_{\theta \to 0+} \dfrac{f(\theta)+g(\theta)}{\theta^3}$의 값을 구하시오.

(단, $0 < \theta < \dfrac{\pi}{4}$) [4점]

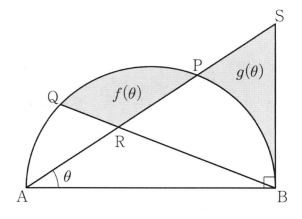

30. 최고차항의 계수가 3보다 크고 실수 전체의 집합에서 최솟값이 양수인 이차함수 $f(x)$에 대하여 함수 $g(x)$가

$$g(x) = e^x f(x)$$

이다. 양수 k에 대하여 집합 $\{x \mid g(x)=k, \ x$는 실수$\}$의 모든 원소의 합을 $h(k)$라 할 때, 양의 실수 전체의 집합에서 정의된 함수 $h(k)$는 다음 조건을 만족시킨다.

> (가) 함수 $h(k)$가 $k=t$에서 불연속인 t의 개수는 1이다.
>
> (나) $\lim\limits_{k \to 3e+} h(k) - \lim\limits_{k \to 3e-} h(k) = 2$

$g(-6) \times g(2)$의 값을 구하시오. (단, $\lim\limits_{x \to -\infty} x^2 e^x = 0$) [4점]

수학 영역

제 2 교시

● 문항수 30개 | 배점 100점 | 제한 시간 100분

● 배점은 2점, 3점 또는 4점

5지선다형

1. $3^{1-\sqrt{5}} \times 3^{1+\sqrt{5}}$ 의 값은? [2점]

① $\dfrac{1}{9}$ ② $\dfrac{1}{3}$ ③ 1 ④ 3 ⑤ 9

2. 함수 $f(x) = 2x^2 - x$ 에 대하여 $\displaystyle\lim_{x \to 1}\dfrac{f(x)-1}{x-1}$ 의 값은? [2점]

① 1 ② 2 ③ 3 ④ 4 ⑤ 5

3. $\dfrac{3}{2}\pi < \theta < 2\pi$ 인 θ 에 대하여 $\cos\theta = \dfrac{\sqrt{6}}{3}$ 일 때, $\tan\theta$ 의 값은? [3점]

① $-\sqrt{2}$ ② $-\dfrac{\sqrt{2}}{2}$ ③ 0 ④ $\dfrac{\sqrt{2}}{2}$ ⑤ $\sqrt{2}$

4. 함수 $y = f(x)$ 의 그래프가 그림과 같다.

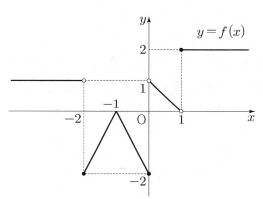

$\displaystyle\lim_{x \to -2+} f(x) + \lim_{x \to 1-} f(x)$ 의 값은? [3점]

① -2 ② -1 ③ 0 ④ 1 ⑤ 2

5. 모든 항이 양수인 등비수열 $\{a_n\}$에 대하여

$$\frac{a_3 a_8}{a_6} = 12, \quad a_5 + a_7 = 36$$

일 때, a_{11}의 값은? [3점]

① 72   ② 78   ③ 84   ④ 90   ⑤ 96

6. 함수 $f(x) = x^3 + ax^2 + bx + 1$은 $x = -1$에서 극대이고, $x = 3$에서 극소이다. 함수 $f(x)$의 극댓값은? (단, a, b는 상수이다.) [3점]

① 0   ② 3   ③ 6   ④ 9   ⑤ 12

7. 두 실수 a, b가

$$3a + 2b = \log_3 32, \quad ab = \log_9 2$$

를 만족시킬 때, $\dfrac{1}{3a} + \dfrac{1}{2b}$의 값은? [3점]

① $\dfrac{5}{12}$ ② $\dfrac{5}{6}$ ③ $\dfrac{5}{4}$ ④ $\dfrac{5}{3}$ ⑤ $\dfrac{25}{12}$

8. 다항함수 $f(x)$가

$$f'(x) = 6x^2 - 2f(1)x, \quad f(0) = 4$$

를 만족시킬 때, $f(2)$의 값은? [3점]

① 5   ② 6   ③ 7   ④ 8   ⑤ 9

9. $0 \le x \le 2\pi$일 때, 부등식

$$\cos x \le \sin\frac{\pi}{7}$$

를 만족시키는 모든 x의 값의 범위는 $\alpha \le x \le \beta$이다.
$\beta - \alpha$의 값은? [4점]

① $\dfrac{8}{7}\pi$ ② $\dfrac{17}{14}\pi$ ③ $\dfrac{9}{7}\pi$ ④ $\dfrac{19}{14}\pi$ ⑤ $\dfrac{10}{7}\pi$

10. 최고차항의 계수가 1인 삼차함수 $f(x)$에 대하여
곡선 $y = f(x)$ 위의 점 $(-2, f(-2))$에서의 접선과
곡선 $y = f(x)$ 위의 점 $(2, 3)$에서의 접선이
점 $(1, 3)$에서 만날 때, $f(0)$의 값은? [4점]

① 31   ② 33   ③ 35   ④ 37   ⑤ 39

11회

11. 두 점 P와 Q는 시각 $t=0$일 때 각각 점 A(1)과 점 B(8)에서 출발하여 수직선 위를 움직인다. 두 점 P, Q의 시각 $t\,(t \ge 0)$에서의 속도는 각각

$$v_1(t) = 3t^2 + 4t - 7, \quad v_2(t) = 2t + 4$$

이다. 출발한 시각부터 두 점 P, Q 사이의 거리가 처음으로 4가 될 때까지 점 P가 움직인 거리는? [4점]

① 10   ② 14   ③ 19   ④ 25   ⑤ 32

12. 첫째항이 자연수인 수열 $\{a_n\}$이 모든 자연수 n에 대하여

$$a_{n+1} = \begin{cases} a_n + 1 & (a_n \text{이 홀수인 경우}) \\[2mm] \dfrac{1}{2}a_n & (a_n \text{이 짝수인 경우}) \end{cases}$$

를 만족시킬 때, $a_2 + a_4 = 40$이 되도록 하는 모든 a_1의 값의 합은? [4점]

① 172   ② 175   ③ 178   ④ 181   ⑤ 184

13. 두 실수 a, b에 대하여 함수

$$f(x) = \begin{cases} -\dfrac{1}{3}x^3 - ax^2 - bx & (x < 0) \\[2mm] \dfrac{1}{3}x^3 + ax^2 - bx & (x \geq 0) \end{cases}$$

이 구간 $(-\infty, -1]$에서 감소하고 구간 $[-1, \infty)$에서 증가할 때, $a+b$의 최댓값을 M, 최솟값을 m이라 하자. $M-m$의 값은? [4점]

① $\dfrac{3}{2} + 3\sqrt{2}$ ② $3 + 3\sqrt{2}$ ③ $\dfrac{9}{2} + 3\sqrt{2}$

④ $6 + 3\sqrt{2}$ ⑤ $\dfrac{15}{2} + 3\sqrt{2}$

14. 두 자연수 a, b에 대하여 함수

$$f(x) = \begin{cases} 2^{x+a} + b & (x \leq -8) \\[2mm] -3^{x-3} + 8 & (x > -8) \end{cases}$$

이 다음 조건을 만족시킬 때, $a+b$의 값은? [4점]

집합 $\{f(x) \mid x \leq k\}$의 원소 중 정수인 것의 개수가 2가 되도록 하는 모든 실수 k의 값의 범위는 $3 \leq k < 4$이다.

---

① 11   ② 13   ③ 15   ④ 17   ⑤ 19

11회

15. 최고차항의 계수가 1인 삼차함수 $f(x)$에 대하여 함수 $g(x)$를

$$g(x) = \begin{cases} \dfrac{f(x+3)\{f(x)+1\}}{f(x)} & (f(x) \neq 0) \\ 3 & (f(x) = 0) \end{cases}$$

이라 하자. $\displaystyle\lim_{x \to 3} g(x) = g(3) - 1$일 때, $g(5)$의 값은? [4점]

① 14 ② 16 ③ 18 ④ 20 ⑤ 22

16. 방정식 $\log_2(x-1) = \log_4(13+2x)$를 만족시키는 실수 x의 값을 구하시오. [3점]

17. 두 수열 $\{a_n\}$, $\{b_n\}$에 대하여

$$\sum_{k=1}^{10}(2a_k - b_k) = 34, \quad \sum_{k=1}^{10} a_k = 10$$

일 때, $\displaystyle\sum_{k=1}^{10}(a_k - b_k)$의 값을 구하시오. [3점]

18. 함수 $f(x) = (x^2+1)(x^2+ax+3)$에 대하여 $f'(1) = 32$일 때, 상수 a의 값을 구하시오. [3점]

19. 두 곡선 $y = 3x^3 - 7x^2$과 $y = -x^2$으로 둘러싸인 부분의 넓이를 구하시오. [3점]

20. 그림과 같이

$$\overline{AB} = 2, \ \overline{AD} = 1, \ \angle DAB = \frac{2}{3}\pi, \ \angle BCD = \frac{3}{4}\pi$$

인 사각형 ABCD가 있다. 삼각형 BCD의 외접원의 반지름의 길이를 R_1, 삼각형 ABD의 외접원의 반지름의 길이를 R_2라 하자.

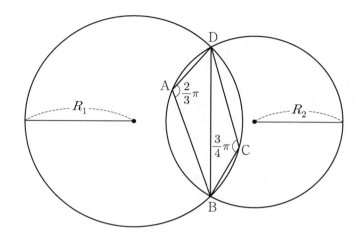

다음은 $R_1 \times R_2$의 값을 구하는 과정이다.

삼각형 BCD에서 사인법칙에 의하여

$$R_1 = \frac{\sqrt{2}}{2} \times \overline{BD}$$

이고, 삼각형 ABD에서 사인법칙에 의하여

$$R_2 = \boxed{\text{(가)}} \times \overline{BD}$$

이다. 삼각형 ABD에서 코사인법칙에 의하여

$$\overline{BD}^2 = 2^2 + 1^2 - (\boxed{\text{(나)}})$$

이므로

$$R_1 \times R_2 = \boxed{\text{(다)}}$$

이다.

위의 (가), (나), (다)에 알맞은 수를 각각 p, q, r이라 할 때, $9 \times (p \times q \times r)^2$의 값을 구하시오. [4점]

21. 모든 항이 자연수인 등차수열 $\{a_n\}$의 첫째항부터 제n항까지의 합을 S_n이라 하자. a_7이 13의 배수이고 $\sum\limits_{k=1}^{7} S_k = 644$일 때, a_2의 값을 구하시오. [4점]

22. 두 다항함수 $f(x)$, $g(x)$에 대하여 $f(x)$의 한 부정적분을 $F(x)$라 하고 $g(x)$의 한 부정적분을 $G(x)$라 할 때, 이 함수들은 모든 실수 x에 대하여 다음 조건을 만족시킨다.

> (가) $\displaystyle\int_{1}^{x} f(t)\,dt = xf(x) - 2x^2 - 1$
>
> (나) $f(x)G(x) + F(x)g(x) = 8x^3 + 3x^2 + 1$

$\displaystyle\int_{1}^{3} g(x)\,dx$의 값을 구하시오. [4점]

★ 확인 사항

○ 답안지의 해당란에 필요한 내용을 정확히 기입(표기)했는지 확인하시오.

○ 이어서, 「**선택과목(미적분)**」 문제가 제시되오니, 자신이 선택한 과목인지 확인하시오.

제2교시

수학 영역(미적분)

11회

5지선다형

23. $\lim\limits_{x \to 0} \dfrac{e^{7x}-1}{e^{2x}-1}$ 의 값은? [2점]

① $\dfrac{1}{2}$ ② $\dfrac{3}{2}$ ③ $\dfrac{5}{2}$ ④ $\dfrac{7}{2}$ ⑤ $\dfrac{9}{2}$

24. 매개변수 t 로 나타내어진 곡선

$$x = t + \cos 2t, \quad y = \sin^2 t$$

에서 $t = \dfrac{\pi}{4}$ 일 때, $\dfrac{dy}{dx}$ 의 값은? [3점]

① -2 ② -1 ③ 0 ④ 1 ⑤ 2

25. 함수 $f(x)=x+\ln x$ 에 대하여 $\displaystyle\int_{1}^{e}\left(1+\frac{1}{x}\right)f(x)\,dx$ 의 값은?

[3점]

① $\dfrac{e^2}{2}+\dfrac{e}{2}$　　② $\dfrac{e^2}{2}+e$　　③ $\dfrac{e^2}{2}+2e$

④ e^2+e　　⑤ e^2+2e

26. 공차가 양수인 등차수열 $\{a_n\}$ 과 등비수열 $\{b_n\}$ 에 대하여 $a_1=b_1=1$, $a_2b_2=1$ 이고

$$\sum_{n=1}^{\infty}\left(\frac{1}{a_n a_{n+1}}+b_n\right)=2$$

일 때, $\displaystyle\sum_{n=1}^{\infty} b_n$ 의 값은? [3점]

① $\dfrac{7}{6}$　② $\dfrac{6}{5}$　③ $\dfrac{5}{4}$　④ $\dfrac{4}{3}$　⑤ $\dfrac{3}{2}$

27. $x = -\ln 4$ 에서 $x = 1$ 까지의 곡선 $y = \dfrac{1}{2}(|e^x - 1| - e^{|x|} + 1)$ 의 길이는? [3점]

① $\dfrac{23}{8}$ ② $\dfrac{13}{4}$ ③ $\dfrac{29}{8}$ ④ 4 ⑤ $\dfrac{35}{8}$

28. 실수 $a\,(0 < a < 2)$ 에 대하여 함수 $f(x)$ 를

$$f(x) = \begin{cases} 2|\sin 4x| & (x < 0) \\ -\sin ax & (x \geq 0) \end{cases}$$

이라 하자. 함수

$$g(x) = \left| \int_{-a\pi}^{x} f(t)\,dt \right|$$

가 실수 전체의 집합에서 미분가능할 때, a의 최솟값은? [4점]

① $\dfrac{1}{2}$ ② $\dfrac{3}{4}$ ③ 1 ④ $\dfrac{5}{4}$ ⑤ $\dfrac{3}{2}$

29. 두 실수 a, $b(a > 1,\ b > 1)$이

$$\lim_{n \to \infty} \frac{3^n + a^{n+1}}{3^{n+1} + a^n} = a, \quad \lim_{n \to \infty} \frac{a^n + b^{n+1}}{a^{n+1} + b^n} = \frac{9}{a}$$

를 만족시킬 때, $a + b$의 값을 구하시오. [4점]

30. 길이가 10인 선분 AB를 지름으로 하는 원과 선분 AB 위에 $\overline{AC} = 4$인 점 C가 있다. 이 원 위의 점 P를 $\angle PCB = \theta$가 되도록 잡고, 점 P를 지나고 선분 AB에 수직인 직선이 이 원과 만나는 점 중 P가 아닌 점을 Q라 하자. 삼각형 PCQ의 넓이를 $S(\theta)$라 할 때, $-7 \times S'\left(\dfrac{\pi}{4}\right)$의 값을 구하시오. (단, $0 < \theta < \dfrac{\pi}{2}$) [4점]

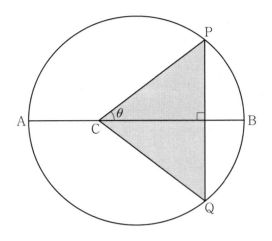

수학 영역

● 문항수 30개 | 배점 100점 | 제한 시간 100분

● 배점은 2점, 3점 또는 4점

5지선다형

1. $\left(\dfrac{2^{\sqrt{3}}}{2}\right)^{\sqrt{3}+1}$ 의 값은? [2점]

① $\dfrac{1}{16}$　② $\dfrac{1}{4}$　③ 1　④ 4　⑤ 16

2. 함수 $f(x)=2x^2+5$ 에 대하여 $\displaystyle\lim_{x\to 2}\dfrac{f(x)-f(2)}{x-2}$ 의 값은? [2점]

① 8　② 9　③ 10　④ 11　⑤ 12

3. $\sin(\pi-\theta)=\dfrac{5}{13}$ 이고 $\cos\theta<0$ 일 때, $\tan\theta$ 의 값은? [3점]

① $-\dfrac{12}{13}$　② $-\dfrac{5}{12}$　③ 0　④ $\dfrac{5}{12}$　⑤ $\dfrac{12}{13}$

4. 함수

$$f(x)=\begin{cases} -2x+a & (x\le a) \\ ax-6 & (x>a) \end{cases}$$

가 실수 전체의 집합에서 연속이 되도록 하는 모든 상수 a 의 값의 합은? [3점]

① -1　② -2　③ -3　④ -4　⑤ -5

5. 등차수열 $\{a_n\}$에 대하여

$$a_1 = 2a_5, \quad a_8 + a_{12} = -6$$

일 때, a_2의 값은? [3점]

① 17   ② 19   ③ 21   ④ 23   ⑤ 25

6. 함수 $f(x) = x^3 - 3x^2 + k$의 극댓값이 9일 때, 함수 $f(x)$의 극솟값은? (단, k는 상수이다.) [3점]

① 1   ② 2   ③ 3   ④ 4   ⑤ 5

7. 수열 $\{a_n\}$의 첫째항부터 제n항까지의 합을 S_n이라 하자.

$S_n = \dfrac{1}{n(n+1)}$ 일 때, $\displaystyle\sum_{k=1}^{10}(S_k - a_k)$의 값은? [3점]

① $\dfrac{1}{2}$ ② $\dfrac{3}{5}$ ③ $\dfrac{7}{10}$ ④ $\dfrac{4}{5}$ ⑤ $\dfrac{9}{10}$

8. 곡선 $y = x^3 - 4x + 5$ 위의 점 $(1, 2)$에서의 접선이 곡선 $y = x^4 + 3x + a$에 접할 때, 상수 a의 값은? [3점]

① 6 ② 7 ③ 8 ④ 9 ⑤ 10

9. 닫힌구간 $[0, 12]$에서 정의된 두 함수

$$f(x) = \cos \frac{\pi x}{6}, \quad g(x) = -3\cos \frac{\pi x}{6} - 1$$

이 있다. 곡선 $y = f(x)$와 직선 $y = k$가 만나는 두 점의 x좌표를 α_1, α_2라 할 때, $|\alpha_1 - \alpha_2| = 8$이다. 곡선 $y = g(x)$와 직선 $y = k$가 만나는 두 점의 x좌표를 β_1, β_2라 할 때, $|\beta_1 - \beta_2|$의 값은? (단, k는 $-1 < k < 1$인 상수이다.) [4점]

① 3 ② $\frac{7}{2}$ ③ 4 ④ $\frac{9}{2}$ ⑤ 5

10. 수직선 위의 점 $\mathrm{A}(6)$과 시각 $t = 0$일 때 원점을 출발하여 이 수직선 위를 움직이는 점 P가 있다. 시각 $t (t \geq 0)$에서의 점 P의 속도 $v(t)$를

$$v(t) = 3t^2 + at \quad (a > 0)$$

이라 하자. 시각 $t = 2$에서 점 P와 점 A 사이의 거리가 10일 때, 상수 a의 값은? [4점]

① 1 ② 2 ③ 3 ④ 4 ⑤ 5

12회

11. 함수 $f(x) = -(x-2)^2 + k$에 대하여 다음 조건을 만족시키는 자연수 n의 개수가 2일 때, 상수 k의 값은? [4점]

> $\sqrt{3}^{f(n)}$의 네제곱근 중 실수인 것을 모두 곱한 값이 -9이다.

① 8   ② 9   ③ 10   ④ 11   ⑤ 12

12. 실수 $t\,(t>0)$에 대하여 직선 $y=x+t$와 곡선 $y=x^2$이 만나는 두 점을 A, B라 하자. 점 A를 지나고 x축에 평행한 직선이 곡선 $y=x^2$과 만나는 점 중 A가 아닌 점을 C, 점 B에서 선분 AC에 내린 수선의 발을 H라 하자.

$$\lim_{t \to 0+} \frac{\overline{AH} - \overline{CH}}{t}$$ 의 값은? (단, 점 A의 x좌표는 양수이다.) [4점]

① 1   ② 2   ③ 3   ④ 4   ⑤ 5

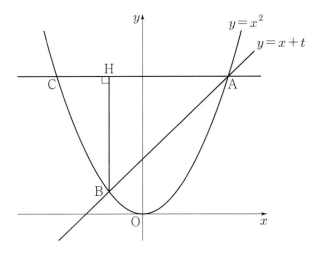

13. 그림과 같이 선분 AB를 지름으로 하는 반원의 호 AB 위에 두 점 C, D가 있다. 선분 AB의 중점 O에 대하여 두 선분 AD, CO가 점 E에서 만나고,

$$\overline{CE} = 4, \quad \overline{ED} = 3\sqrt{2}, \quad \angle CEA = \frac{3}{4}\pi$$

이다. $\overline{AC} \times \overline{CD}$의 값은? [4점]

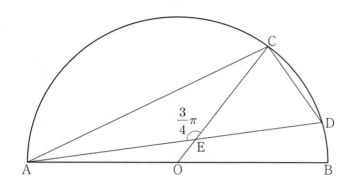

① $6\sqrt{10}$ ② $10\sqrt{5}$ ③ $16\sqrt{2}$

④ $12\sqrt{5}$ ⑤ $20\sqrt{2}$

14. 최고차항의 계수가 1이고 $f(0) = 0$, $f(1) = 0$인 삼차함수 $f(x)$에 대하여 함수 $g(t)$를

$$g(t) = \int_{t}^{t+1} f(x)\,dx - \int_{0}^{1} |f(x)|\,dx$$

라 할 때, <보기>에서 옳은 것만을 있는 대로 고른 것은? [4점]

<보 기>

ㄱ. $g(0) = 0$이면 $g(-1) < 0$이다.

ㄴ. $g(-1) > 0$이면 $f(k) = 0$을 만족시키는 $k < -1$인 실수 k가 존재한다.

ㄷ. $g(-1) > 1$이면 $g(0) < -1$이다.

① ㄱ   ② ㄱ, ㄴ   ③ ㄱ, ㄷ

④ ㄴ, ㄷ   ⑤ ㄱ, ㄴ, ㄷ

15. 수열 $\{a_n\}$이 다음 조건을 만족시킨다.

(가) 모든 자연수 k에 대하여 $a_{4k} = r^k$이다.

(단, r는 $0 < |r| < 1$인 상수이다.)

(나) $a_1 < 0$이고, 모든 자연수 n에 대하여

$$a_{n+1} = \begin{cases} a_n + 3 & (|a_n| < 5) \\ -\dfrac{1}{2}a_n & (|a_n| \geq 5) \end{cases}$$

이다.

$|a_m| \geq 5$를 만족시키는 100 이하의 자연수 m의 개수를 p라 할 때, $p + a_1$의 값은? [4점]

① 8   ② 10   ③ 12   ④ 14   ⑤ 16

16. 방정식 $\log_3(x-4) = \log_9(x+2)$를 만족시키는 실수 x의 값을 구하시오. [3점]

17. 함수 $f(x)$에 대하여 $f'(x) = 6x^2 - 4x + 3$이고 $f(1) = 5$일 때, $f(2)$의 값을 구하시오. [3점]

18. 수열 $\{a_n\}$에 대하여 $\displaystyle\sum_{k=1}^{5} a_k = 10$일 때,

$$\sum_{k=1}^{5} ca_k = 65 + \sum_{k=1}^{5} c$$

를 만족시키는 상수 c의 값을 구하시오. [3점]

19. 방정식 $3x^4 - 4x^3 - 12x^2 + k = 0$이 서로 다른 4개의 실근을 갖도록 하는 자연수 k의 개수를 구하시오. [3점]

20. 상수 $k\,(k < 0)$에 대하여 두 함수

$$f(x) = x^3 + x^2 - x, \quad g(x) = 4|x| + k$$

의 그래프가 만나는 점의 개수가 2일 때, 두 함수의 그래프로 둘러싸인 부분의 넓이를 S라 하자. $30 \times S$의 값을 구하시오. [4점]

수학 영역

21. 그림과 같이 곡선 $y=2^x$ 위에 두 점 $P(a, 2^a)$, $Q(b, 2^b)$이 있다. 직선 PQ의 기울기를 m이라 할 때, 점 P를 지나며 기울기가 $-m$인 직선이 x축, y축과 만나는 점을 각각 A, B라 하고, 점 Q를 지나며 기울기가 $-m$인 직선이 x축과 만나는 점을 C라 하자.

$$\overline{AB}=4\overline{PB}, \quad \overline{CQ}=3\overline{AB}$$

일 때, $90\times(a+b)$의 값을 구하시오. (단, $0 < a < b$) [4점]

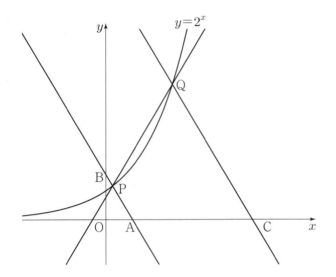

22. 최고차항의 계수가 1이고 $x=3$에서 극댓값 8을 갖는 삼차함수 $f(x)$가 있다. 실수 t에 대하여 함수 $g(x)$를

$$g(x)=\begin{cases} f(x) & (x \geq t) \\ -f(x)+2f(t) & (x < t) \end{cases}$$

라 할 때, 방정식 $g(x)=0$의 서로 다른 실근의 개수를 $h(t)$라 하자. 함수 $h(t)$가 $t=a$에서 불연속인 a의 값이 두 개일 때, $f(8)$의 값을 구하시오. [4점]

---

* 확인 사항
○ 답안지의 해당란에 필요한 내용을 정확히 기입(표기)했는지 확인하시오.
○ 이어서, 「**선택과목(미적분)**」 문제가 제시되오니, 자신이 선택한 과목인지 확인하시오.

제 2 교시

수학 영역(미적분)

5지선다형

23. $\lim\limits_{x \to 0} \dfrac{4^x - 2^x}{x}$ 의 값은? [2점]

① $\ln 2$　　② 1　　③ $2\ln 2$　　④ 2　　⑤ $3\ln 2$

24. $\displaystyle\int_0^\pi x\cos\left(\dfrac{\pi}{2} - x\right)dx$ 의 값은? [3점]

① $\dfrac{\pi}{2}$　　② π　　③ $\dfrac{3\pi}{2}$　　④ 2π　　⑤ $\dfrac{5\pi}{2}$

25. 수열 $\{a_n\}$에 대하여 $\displaystyle\lim_{n\to\infty}\dfrac{a_n+2}{2}=6$일 때,

$\displaystyle\lim_{n\to\infty}\dfrac{na_n+1}{a_n+2n}$ 의 값은? [3점]

① 1   ② 2   ③ 3   ④ 4   ⑤ 5

26. 그림과 같이 양수 k에 대하여 곡선 $y=\sqrt{\dfrac{kx}{2x^2+1}}$ 와

x축 및 두 직선 $x=1$, $x=2$로 둘러싸인 부분을 밑면으로 하고 x축에 수직인 평면으로 자른 단면이 모두 정사각형인 입체도형의 부피가 $2\ln 3$일 때, k의 값은? [3점]

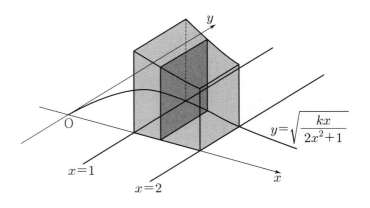

① 6   ② 7   ③ 8   ④ 9   ⑤ 10

27. 그림과 같이 $\overline{A_1B_1}=4$, $\overline{A_1D_1}=1$인 직사각형 $A_1B_1C_1D_1$에서 두 대각선의 교점을 E_1이라 하자.

$\overline{A_2D_1}=\overline{D_1E_1}$, $\angle A_2D_1E_1=\dfrac{\pi}{2}$이고 선분 D_1C_1과 선분 A_2E_1이 만나도록 점 A_2를 잡고, $\overline{B_2C_1}=\overline{C_1E_1}$, $\angle B_2C_1E_1=\dfrac{\pi}{2}$이고 선분 D_1C_1과 선분 B_2E_1이 만나도록 점 B_2를 잡는다. 두 삼각형 $A_2D_1E_1$, $B_2C_1E_1$을 그린 후 ⩗ 모양의 도형에 색칠하여 얻은 그림을 R_1이라 하자.

그림 R_1에서 $\overline{A_2B_2}:\overline{A_2D_2}=4:1$이고 선분 D_2C_2가 두 선분 A_2E_1, B_2E_1과 만나지 않도록 직사각형 $A_2B_2C_2D_2$를 그린다. 그림 R_1을 얻은 것과 같은 방법으로 세 점 E_2, A_3, B_3을 잡고 두 삼각형 $A_3D_2E_2$, $B_3C_2E_2$를 그린 후 ⩗ 모양의 도형에 색칠하여 얻은 그림을 R_2라 하자.

이와 같은 과정을 계속하여 n번째 얻은 그림 R_n에 색칠되어 있는 부분의 넓이를 S_n이라 할 때, $\lim\limits_{n\to\infty} S_n$의 값은? [3점]

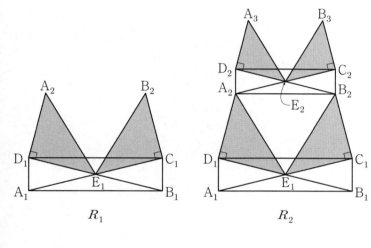

R_1 　　　　　 R_2 　…

① $\dfrac{68}{5}$ ② $\dfrac{34}{3}$ ③ $\dfrac{68}{7}$ ④ $\dfrac{17}{2}$ ⑤ $\dfrac{68}{9}$

28. 그림과 같이 반지름의 길이가 1이고 중심각의 크기가 $\dfrac{\pi}{2}$인 부채꼴 OAB가 있다. 호 AB 위의 점 P에 대하여 $\overline{PA}=\overline{PC}=\overline{PD}$가 되도록 호 PB 위에 점 C와 선분 OA 위에 점 D를 잡는다. 점 D를 지나고 선분 OP와 평행한 직선이 선분 PA와 만나는 점을 E라 하자. $\angle POA=\theta$일 때, 삼각형 CDP의 넓이를 $f(\theta)$, 삼각형 EDA의 넓이를 $g(\theta)$라 하자.

$\lim\limits_{\theta\to 0+}\dfrac{g(\theta)}{\theta^2\times f(\theta)}$의 값은? (단, $0<\theta<\dfrac{\pi}{4}$) [4점]

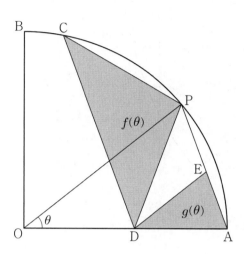

① $\dfrac{1}{8}$ ② $\dfrac{1}{4}$ ③ $\dfrac{3}{8}$ ④ $\dfrac{1}{2}$ ⑤ $\dfrac{5}{8}$

12회

단 답 형

29. 함수 $f(x) = e^x + x$가 있다. 양수 t에 대하여 점 $(t, 0)$과 점 $(x, f(x))$ 사이의 거리가 $x = s$에서 최소일 때, 실수 $f(s)$의 값을 $g(t)$라 하자. 함수 $g(t)$의 역함수를 $h(t)$라 할 때, $h'(1)$의 값을 구하시오. [4점]

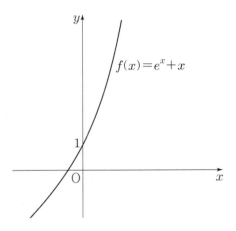

30. 최고차항의 계수가 1인 사차함수 $f(x)$와 구간 $(0, \infty)$에서 $g(x) \geq 0$인 함수 $g(x)$가 다음 조건을 만족시킨다.

(가) $x \leq -3$인 모든 실수 x에 대하여
$\quad f(x) \geq f(-3)$이다.

(나) $x > -3$인 모든 실수 x에 대하여
$\quad g(x+3)\{f(x) - f(0)\}^2 = f'(x)$이다.

$\displaystyle\int_4^5 g(x)\,dx = \dfrac{q}{p}$일 때, $p+q$의 값을 구하시오.
(단, p와 q는 서로소인 자연수이다.) [4점]

---

* 확인 사항

○ 답안지의 해당란에 필요한 내용을 정확히 기입(표기)했는지 확인 하시오.

수학 영역

● 문항수 30개 | 배점 100점 | 제한 시간 100분

● 배점은 2점, 3점 또는 4점

5지선다형

1. $\dfrac{1}{\sqrt[4]{3}} \times 3^{-\frac{7}{4}}$ 의 값은? [2점]

① $\dfrac{1}{9}$　　② $\dfrac{1}{3}$　　③ 1　　④ 3　　⑤ 9

2. 함수 $f(x) = 2x^3 + 4x + 5$ 에 대하여 $f'(1)$ 의 값은? [2점]

① 6　　② 7　　③ 8　　④ 9　　⑤ 10

3. 등비수열 $\{a_n\}$ 에 대하여

$$a_1 = 2, \quad a_2 a_4 = 36$$

일 때, $\dfrac{a_7}{a_3}$ 의 값은? [3점]

① 1　　② $\sqrt{3}$　　③ 3　　④ $3\sqrt{3}$　　⑤ 9

4. 함수

$$f(x) = \begin{cases} 2x + a & (x \leq -1) \\ x^2 - 5x - a & (x > -1) \end{cases}$$

이 실수 전체의 집합에서 연속일 때, 상수 a의 값은? [3점]

① 1　　② 2　　③ 3　　④ 4　　⑤ 5

5. 함수 $f(x)=2x^3+3x^2-12x+1$ 의 극댓값과 극솟값을 각각 M, m이라 할 때, $M+m$의 값은? [3점]

① 13 ② 14 ③ 15 ④ 16 ⑤ 17

6. $\dfrac{\pi}{2}<\theta<\pi$ 인 θ에 대하여 $\dfrac{\sin\theta}{1-\sin\theta}-\dfrac{\sin\theta}{1+\sin\theta}=4$ 일 때, $\cos\theta$의 값은? [3점]

① $-\dfrac{\sqrt{3}}{3}$ ② $-\dfrac{1}{3}$ ③ 0 ④ $\dfrac{1}{3}$ ⑤ $\dfrac{\sqrt{3}}{3}$

7. 수열 $\{a_n\}$은 $a_1=-4$이고, 모든 자연수 n에 대하여

$$\sum_{k=1}^{n}\frac{a_{k+1}-a_k}{a_k a_{k+1}}=\frac{1}{n}$$

을 만족시킨다. a_{13}의 값은? [3점]

① -9 ② -7 ③ -5 ④ -3 ⑤ -1

8. 삼차함수 $f(x)$가

$$\lim_{x \to 0} \frac{f(x)}{x} = \lim_{x \to 1} \frac{f(x)}{x-1} = 1$$

을 만족시킬 때, $f(2)$의 값은? [3점]

① 4   ② 6   ③ 8   ④ 10   ⑤ 12

9. 수직선 위를 움직이는 점 P의 시각 $t\,(t > 0)$에서의 속도 $v(t)$가

$$v(t) = -4t^3 + 12t^2$$

이다. 시각 $t = k$에서 점 P의 가속도가 12일 때, 시각 $t = 3k$에서 $t = 4k$까지 점 P가 움직인 거리는? (단, k는 상수이다.) [4점]

① 23   ② 25   ③ 27   ④ 29   ⑤ 31

10. 두 양수 a, b에 대하여 곡선 $y = a \sin b\pi x \left(0 \le x \le \dfrac{3}{b} \right)$이 직선 $y = a$와 만나는 서로 다른 두 점을 A, B라 하자. 삼각형 OAB의 넓이가 5이고 직선 OA의 기울기와 직선 OB의 기울기의 곱이 $\dfrac{5}{4}$일 때, $a+b$의 값은? (단, O는 원점이다.) [4점]

① 1   ② 2   ③ 3   ④ 4   ⑤ 5

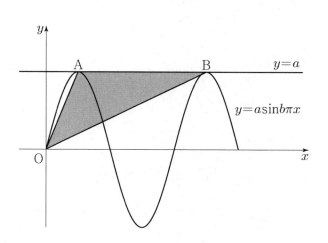

11. 다항함수 $f(x)$가 모든 실수 x에 대하여

$$xf(x) = 2x^3 + ax^2 + 3a + \int_1^x f(t)\,dt$$

를 만족시킨다. $f(1) = \displaystyle\int_0^1 f(t)\,dt$ 일 때, $a + f(3)$의 값은?

(단, a는 상수이다.) [4점]

① 5　　② 6　　③ 7　　④ 8　　⑤ 9

12. 반지름의 길이가 $2\sqrt{7}$ 인 원에 내접하고 $\angle A = \dfrac{\pi}{3}$ 인

삼각형 ABC가 있다. 점 A를 포함하지 않는 호 BC 위의 점 D에

대하여 $\sin(\angle BCD) = \dfrac{2\sqrt{7}}{7}$ 일 때, $\overline{BD} + \overline{CD}$ 의 값은? [4점]

① $\dfrac{19}{2}$　　② 10　　③ $\dfrac{21}{2}$　　④ 11　　⑤ $\dfrac{23}{2}$

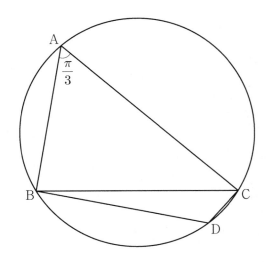

13. 첫째항이 -45이고 공차가 d인 등차수열 $\{a_n\}$이 다음 조건을 만족시키도록 하는 모든 자연수 d의 값의 합은? [4점]

> (가) $|a_m| = |a_{m+3}|$인 자연수 m이 존재한다.
>
> (나) 모든 자연수 n에 대하여 $\displaystyle\sum_{k=1}^{n} a_k > -100$이다.

① 44 　　② 48 　　③ 52 　　④ 56 　　⑤ 60

14. 최고차항의 계수가 1이고 $f'(0) = f'(2) = 0$인 삼차함수 $f(x)$와 양수 p에 대하여 함수 $g(x)$를

$$g(x) = \begin{cases} f(x) - f(0) & (x \leq 0) \\ f(x+p) - f(p) & (x > 0) \end{cases}$$

이라 하자. <보기>에서 옳은 것만을 있는 대로 고른 것은? [4점]

> ─────〈보 기〉─────
>
> ㄱ. $p = 1$일 때, $g'(1) = 0$이다.
>
> ㄴ. $g(x)$가 실수 전체의 집합에서 미분가능하도록 하는 양수 p의 개수는 1이다.
>
> ㄷ. $p \geq 2$일 때, $\displaystyle\int_{-1}^{1} g(x)\,dx \geq 0$이다.

① ㄱ 　　　　② ㄱ, ㄴ 　　　　③ ㄱ, ㄷ

④ ㄴ, ㄷ 　　　　⑤ ㄱ, ㄴ, ㄷ

15. 수열 $\{a_n\}$은 $|a_1| \leq 1$이고, 모든 자연수 n에 대하여

$$a_{n+1} = \begin{cases} -2a_n - 2 & \left(-1 \leq a_n < -\dfrac{1}{2}\right) \\ 2a_n & \left(-\dfrac{1}{2} \leq a_n \leq \dfrac{1}{2}\right) \\ -2a_n + 2 & \left(\dfrac{1}{2} < a_n \leq 1\right) \end{cases}$$

을 만족시킨다. $a_5 + a_6 = 0$이고 $\displaystyle\sum_{k=1}^{5} a_k > 0$이 되도록 하는 모든 a_1의 값의 합은? [4점]

① $\dfrac{9}{2}$ ② 5 ③ $\dfrac{11}{2}$ ④ 6 ⑤ $\dfrac{13}{2}$

단답형

16. $\log_2 100 - 2\log_2 5$의 값을 구하시오. [3점]

17. 함수 $f(x)$에 대하여 $f'(x) = 8x^3 - 12x^2 + 7$이고 $f(0) = 3$일 때, $f(1)$의 값을 구하시오. [3점]

18. 두 수열 $\{a_n\}$, $\{b_n\}$에 대하여

$$\sum_{k=1}^{10}(a_k+2b_k)=45, \quad \sum_{k=1}^{10}(a_k-b_k)=3$$

일 때, $\displaystyle\sum_{k=1}^{10}\left(b_k-\frac{1}{2}\right)$의 값을 구하시오. [3점]

20. 함수 $f(x)=\dfrac{1}{2}x^3-\dfrac{9}{2}x^2+10x$에 대하여 x에 대한 방정식

$$f(x)+|f(x)+x|=6x+k$$

의 서로 다른 실근의 개수가 4가 되도록 하는 모든 정수 k의 값의 합을 구하시오. [4점]

19. 함수 $f(x)=x^3-6x^2+5x$에서 x의 값이 0에서 4까지 변할 때의 평균변화율과 $f'(a)$의 값이 같게 되도록 하는 $0<a<4$인 모든 실수 a의 값의 곱은 $\dfrac{q}{p}$이다. $p+q$의 값을 구하시오. (단, p와 q는 서로소인 자연수이다.) [3점]

21. $a > 1$인 실수 a에 대하여 직선 $y = -x + 4$가 두 곡선

$$y = a^{x-1}, \quad y = \log_a(x-1)$$

과 만나는 점을 각각 A, B라 하고, 곡선 $y = a^{x-1}$이 y축과 만나는 점을 C라 하자. $\overline{AB} = 2\sqrt{2}$일 때, 삼각형 ABC의 넓이는 S이다. $50 \times S$의 값을 구하시오. [4점]

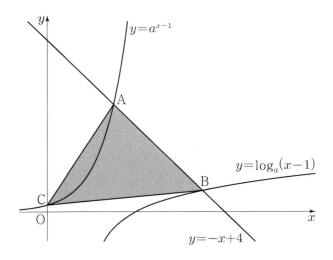

22. 최고차항의 계수가 1인 삼차함수 $f(x)$에 대하여 함수

$$g(x) = f(x-3) \times \lim_{h \to 0+} \frac{|f(x+h)| - |f(x-h)|}{h}$$

가 다음 조건을 만족시킬 때, $f(5)$의 값을 구하시오. [4점]

> (가) 함수 $g(x)$는 실수 전체의 집합에서 연속이다.
>
> (나) 방정식 $g(x) = 0$은 서로 다른 네 실근 α_1, α_2, α_3, α_4를 갖고 $\alpha_1 + \alpha_2 + \alpha_3 + \alpha_4 = 7$이다.

---

* 확인 사항

○ 답안지의 해당란에 필요한 내용을 정확히 기입(표기)했는지 확인하시오.

○ 이어서, 「**선택과목(미적분)**」 문제가 제시되오니, 자신이 선택한 과목인지 확인하시오.

5지선다형

23. $\lim\limits_{n \to \infty} \dfrac{2 \times 3^{n+1} + 5}{3^n + 2^{n+1}}$ 의 값은? [2점]

① 2   ② 4   ③ 6   ④ 8   ⑤ 10

24. $2\cos\alpha = 3\sin\alpha$ 이고 $\tan(\alpha+\beta) = 1$ 일 때, $\tan\beta$의 값은? [3점]

① $\dfrac{1}{6}$ ② $\dfrac{1}{5}$ ③ $\dfrac{1}{4}$ ④ $\dfrac{1}{3}$ ⑤ $\dfrac{1}{2}$

25. 매개변수 t로 나타내어진 곡선

$$x = e^t - 4e^{-t}, \quad y = t + 1$$

에서 $t = \ln 2$일 때, $\dfrac{dy}{dx}$의 값은? [3점]

① 1   ② $\dfrac{1}{2}$ ③ $\dfrac{1}{3}$ ④ $\dfrac{1}{4}$ ⑤ $\dfrac{1}{5}$

26. 그림과 같이 곡선 $y = \sqrt{\dfrac{3x+1}{x^2}}$ $(x > 0)$과 x축 및

두 직선 $x = 1$, $x = 2$로 둘러싸인 부분을 밑면으로 하고 x축에 수직인 평면으로 자른 단면이 모두 정사각형인 입체도형의 부피는? [3점]

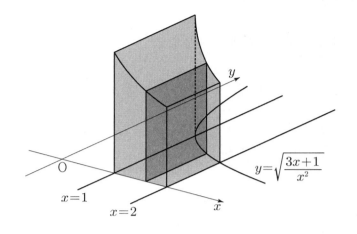

① $3\ln 2$ ② $\dfrac{1}{2} + 3\ln 2$ ③ $1 + 3\ln 2$

④ $\dfrac{1}{2} + 4\ln 2$ ⑤ $1 + 4\ln 2$

27. 그림과 같이 $\overline{AB_1}=1$, $\overline{B_1C_1}=2$인 직사각형 $AB_1C_1D_1$이 있다. $\angle AD_1C_1$을 삼등분하는 두 직선이 선분 B_1C_1과 만나는 점 중 점 B_1에 가까운 점을 E_1, 점 C_1에 가까운 점을 F_1이라 하자.

$\overline{E_1F_1}=\overline{F_1G_1}$, $\angle E_1F_1G_1=\dfrac{\pi}{2}$이고 선분 AD_1과 선분 F_1G_1이 만나도록 점 G_1을 잡아 삼각형 $E_1F_1G_1$을 그린다.

선분 E_1D_1과 선분 F_1G_1이 만나는 점을 H_1이라 할 때, 두 삼각형 $G_1E_1H_1$, $H_1F_1D_1$로 만들어진 ⚡ 모양의 도형에 색칠하여 얻은 그림을 R_1이라 하자.

그림 R_1에 선분 AB_1 위의 점 B_2, 선분 E_1G_1 위의 점 C_2, 선분 AD_1 위의 점 D_2와 점 A를 꼭짓점으로 하고 $\overline{AB_2}:\overline{B_2C_2}=1:2$인 직사각형 $AB_2C_2D_2$를 그린다. 직사각형 $AB_2C_2D_2$에 그림 R_1을 얻은 것과 같은 방법으로 ⚡ 모양의 도형을 그리고 색칠하여 얻은 그림을 R_2라 하자.

이와 같은 과정을 계속하여 n번째 얻은 그림 R_n에 색칠되어 있는 부분의 넓이를 S_n이라 할 때, $\lim\limits_{n\to\infty} S_n$의 값은? [3점]

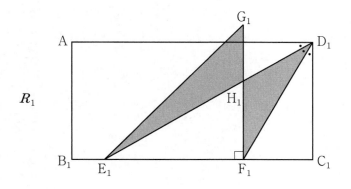

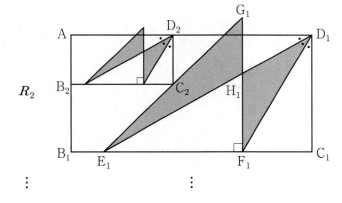

① $\dfrac{2\sqrt{3}}{9}$ ② $\dfrac{5\sqrt{3}}{18}$ ③ $\dfrac{\sqrt{3}}{3}$ ④ $\dfrac{7\sqrt{3}}{18}$ ⑤ $\dfrac{4\sqrt{3}}{9}$

28. 좌표평면에서 원점을 중심으로 하고 반지름의 길이가 2인 원 C와 두 점 $A(2, 0)$, $B(0, -2)$가 있다. 원 C 위에 있고 x좌표가 음수인 점 P에 대하여 $\angle PAB=\theta$라 하자.

점 $Q(0, 2\cos\theta)$에서 직선 BP에 내린 수선의 발을 R라 하고, 두 점 P와 R 사이의 거리를 $f(\theta)$라 할 때, $\displaystyle\int_{\frac{\pi}{6}}^{\frac{\pi}{3}} f(\theta)\,d\theta$의 값은? [4점]

① $\dfrac{2\sqrt{3}-3}{2}$ ② $\sqrt{3}-1$ ③ $\dfrac{3\sqrt{3}-3}{2}$

④ $\dfrac{2\sqrt{3}-1}{2}$ ⑤ $\dfrac{4\sqrt{3}-3}{2}$

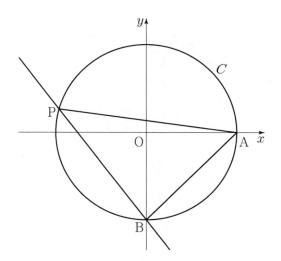

단답형

29. 이차함수 $f(x)$에 대하여 함수 $g(x)=\{f(x)+2\}e^{f(x)}$이 다음 조건을 만족시킨다.

> (가) $f(a)=6$인 a에 대하여 $g(x)$는 $x=a$에서 최댓값을 갖는다.
>
> (나) $g(x)$는 $x=b$, $x=b+6$에서 최솟값을 갖는다.

방정식 $f(x)=0$의 서로 다른 두 실근을 α, β라 할 때, $(\alpha-\beta)^2$의 값을 구하시오. (단, a, b는 실수이다.) [4점]

30. 최고차항의 계수가 9인 삼차함수 $f(x)$가 다음 조건을 만족시킨다.

> (가) $\displaystyle\lim_{x\to 0}\frac{\sin(\pi\times f(x))}{x}=0$
>
> (나) $f(x)$의 극댓값과 극솟값의 곱은 5이다.

함수 $g(x)$는 $0\le x<1$일 때 $g(x)=f(x)$이고 모든 실수 x에 대하여 $g(x+1)=g(x)$이다.

$g(x)$가 실수 전체의 집합에서 연속일 때, $\displaystyle\int_0^5 xg(x)dx=\frac{q}{p}$이다.

$p+q$의 값을 구하시오. (단, p와 q는 서로소인 자연수이다.) [4점]

※ 확인 사항

○ 답안지의 해당란에 필요한 내용을 정확히 기입(표기)했는지 확인하시오.

수학 영역

5 지 선 다 형

1. $2^{\sqrt{2}} \times \left(\dfrac{1}{2}\right)^{\sqrt{2}-1}$ 의 값은? [2점]

① 1 　② $\sqrt{2}$ 　③ 2 　④ $2\sqrt{2}$ 　⑤ 4

2. 함수 $f(x) = 2x^3 + 3x$ 에 대하여 $\displaystyle\lim_{h \to 0} \dfrac{f(2h) - f(0)}{h}$ 의 값은?

[2점]

① 0 　② 2 　③ 4 　④ 6 　⑤ 8

3. 공차가 3인 등차수열 $\{a_n\}$ 과 공비가 2인 등비수열 $\{b_n\}$ 이

$$a_2 = b_2, \quad a_4 = b_4$$

를 만족시킬 때, $a_1 + b_1$ 의 값은? [3점]

① -2 　② -1 　③ 0 　④ 1 　⑤ 2

4. 두 자연수 m, n 에 대하여 함수 $f(x) = x(x-m)(x-n)$ 이

$$f(1)f(3) < 0, \quad f(3)f(5) < 0$$

을 만족시킬 때, $f(6)$ 의 값은? [3점]

① 30 　② 36 　③ 42 　④ 48 　⑤ 54

5. $\pi < \theta < \dfrac{3}{2}\pi$인 θ에 대하여

$$\frac{1}{1-\cos\theta} + \frac{1}{1+\cos\theta} = 18$$

일 때, $\sin\theta$의 값은? [3점]

① $-\dfrac{2}{3}$ ② $-\dfrac{1}{3}$ ③ 0 ④ $\dfrac{1}{3}$ ⑤ $\dfrac{2}{3}$

6. 곡선 $y = \dfrac{1}{3}x^2 + 1$과 x축, y축 및 직선 $x = 3$으로 둘러싸인 부분의 넓이는? [3점]

① 6 ② $\dfrac{20}{3}$ ③ $\dfrac{22}{3}$ ④ 8 ⑤ $\dfrac{26}{3}$

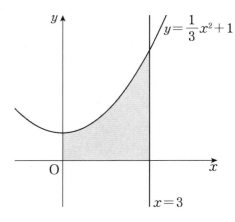

7. 등차수열 $\{a_n\}$의 첫째항부터 제n항까지의 합을 S_n이라 할 때,

$$S_7 - S_4 = 0, \ S_6 = 30$$

이다. a_2의 값은? [3점]

① 6 ② 8 ③ 10 ④ 12 ⑤ 14

8. 두 함수

$$f(x) = -x^4 - x^3 + 2x^2, \ g(x) = \frac{1}{3}x^3 - 2x^2 + a$$

가 있다. 모든 실수 x에 대하여 부등식

$$f(x) \le g(x)$$

가 성립할 때, 실수 a의 최솟값은? [3점]

① 8   ② $\dfrac{26}{3}$ ③ $\dfrac{28}{3}$ ④ 10   ⑤ $\dfrac{32}{3}$

9. 자연수 $n\,(n \ge 2)$에 대하여 $n^2 - 16n + 48$의 n제곱근 중

실수인 것의 개수를 $f(n)$이라 할 때, $\displaystyle\sum_{n=2}^{10} f(n)$의 값은? [4점]

① 7   ② 9   ③ 11   ④ 13   ⑤ 15

10. 실수 $t\,(t > 0)$에 대하여 직선 $y = tx + t + 1$과

곡선 $y = x^2 - tx - 1$이 만나는 두 점을 A, B라 할 때,

$\displaystyle\lim_{t \to \infty} \dfrac{\overline{AB}}{t^2}$의 값은? [4점]

① $\dfrac{\sqrt{2}}{2}$ ② 1   ③ $\sqrt{2}$ ④ 2   ⑤ $2\sqrt{2}$

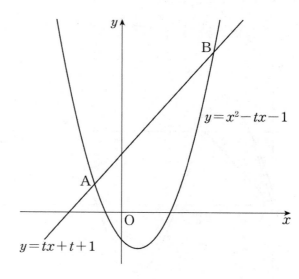

14회

11. 그림과 같이 두 상수 a, b에 대하여 함수

$$f(x) = a\sin\frac{\pi x}{b} + 1 \left(0 \le x \le \frac{5}{2}b\right)$$

의 그래프와 직선 $y = 5$가 만나는 점을 x좌표가 작은 것부터 차례로 A, B, C라 하자.

$\overline{BC} = \overline{AB} + 6$이고 삼각형 AOB의 넓이가 $\frac{15}{2}$일 때, $a^2 + b^2$의 값은? (단, $a > 4$, $b > 0$이고, O는 원점이다.) [4점]

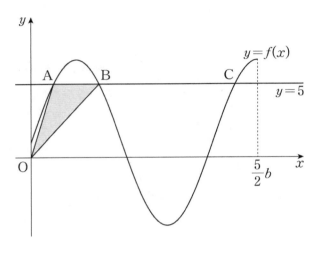

① 68   ② 70   ③ 72   ④ 74   ⑤ 76

12. 양수 k에 대하여 함수 $f(x)$를

$$f(x) = \left| x^3 - 12x + k \right|$$

라 하자. 함수 $y = f(x)$의 그래프와 직선 $y = a\,(a \ge 0)$이 만나는 서로 다른 점의 개수가 홀수가 되도록 하는 실수 a의 값이 오직 하나일 때, k의 값은? [4점]

① 8   ② 10   ③ 12   ④ 14   ⑤ 16

13. 그림과 같이 두 상수 $a\,(a>1)$, k에 대하여 두 함수

$$y=a^{x+1}+1, \quad y=a^{x-3}-\frac{7}{4}$$

의 그래프와 직선 $y=-2x+k$가 만나는 점을 각각 P, Q라 하자. 점 Q를 지나고 x축에 평행한 직선이 함수 $y=-a^{x+4}+\dfrac{3}{2}$의

그래프와 점 R에서 만나고 $\overline{PR}=\overline{QR}=5$일 때, $a+k$의 값은?

[4점]

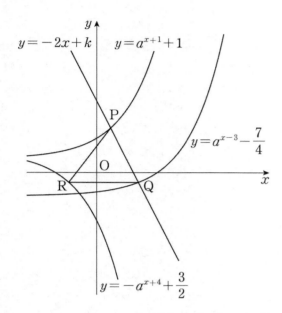

① $\dfrac{13}{2}$　　② $\dfrac{27}{4}$　　③ 7　　④ $\dfrac{29}{4}$　　⑤ $\dfrac{15}{2}$

14. 최고차항의 계수가 1이고 $f'(2)=0$인 이차함수 $f(x)$가 모든 자연수 n에 대하여

$$\int_4^n f(x)\,dx \geq 0$$

을 만족시킬 때, <보기>에서 옳은 것만을 있는 대로 고른 것은? [4점]

─────────── < 보 기 > ───────────

ㄱ. $f(2)<0$

ㄴ. $\displaystyle\int_4^3 f(x)\,dx > \int_4^2 f(x)\,dx$

ㄷ. $6 \leq \displaystyle\int_4^6 f(x)\,dx \leq 14$

─────────────────────────────

① ㄱ　　　　　　② ㄱ, ㄴ　　　　　　③ ㄱ, ㄷ
④ ㄴ, ㄷ　　　　⑤ ㄱ, ㄴ, ㄷ

15. 모든 항이 자연수인 수열 $\{a_n\}$이 다음 조건을 만족시킨다.

> (가) 모든 자연수 n에 대하여
> $$a_{n+1} = \begin{cases} \dfrac{1}{2}a_n + 2n & (a_n\text{이 }4\text{의 배수인 경우}) \\ a_n + 2n & (a_n\text{이 }4\text{의 배수가 아닌 경우}) \end{cases}$$
> 이다.
> (나) $a_3 > a_5$

$50 < a_4 + a_5 < 60$이 되도록 하는 a_1의 최댓값과 최솟값을 각각 M, m이라 할 때, $M+m$의 값은? [4점]

① 224 ② 228 ③ 232 ④ 236 ⑤ 240

16. 방정식

$$\log_2(x-2) = 1 + \log_4(x+6)$$

을 만족시키는 실수 x의 값을 구하시오. [3점]

17. 삼차함수 $f(x)$에 대하여 함수 $g(x)$를

$$g(x) = (x+2)f(x)$$

라 하자. 곡선 $y = f(x)$ 위의 점 $(3, 2)$에서의 접선의 기울기가 4일 때, $g'(3)$의 값을 구하시오. [3점]

18. 두 수열 $\{a_n\}$, $\{b_n\}$에 대하여

$$\sum_{k=1}^{10}(a_k - b_k + 2) = 50, \quad \sum_{k=1}^{10}(a_k - 2b_k) = -10$$

일 때, $\sum_{k=1}^{10}(a_k + b_k)$의 값을 구하시오. [3점]

19. 시각 $t = 0$일 때 동시에 원점을 출발하여 수직선 위를 움직이는 두 점 P, Q의 시각 $t\,(t \geq 0)$에서의 속도가 각각

$$v_1(t) = 12t - 12, \quad v_2(t) = 3t^2 + 2t - 12$$

이다. 시각 $t = k\,(k > 0)$에서 두 점 P, Q의 위치가 같을 때, 시각 $t = 0$에서 $t = k$까지 점 P가 움직인 거리를 구하시오.

[3점]

20. 다항함수 $f(x)$가 모든 실수 x에 대하여

$$2x^2 f(x) = 3 \int_0^x (x - t)\{f(x) + f(t)\}\,dt$$

를 만족시킨다. $f'(2) = 4$일 때, $f(6)$의 값을 구하시오. [4점]

21. 그림과 같이 선분 BC를 지름으로 하는 원에 두 삼각형 ABC와 ADE가 모두 내접한다. 두 선분 AD와 BC가 점 F에서 만나고

$$\overline{BC} = \overline{DE} = 4, \quad \overline{BF} = \overline{CE}, \quad \sin(\angle CAE) = \frac{1}{4}$$

이다. $\overline{AF} = k$일 때, k^2의 값을 구하시오. [4점]

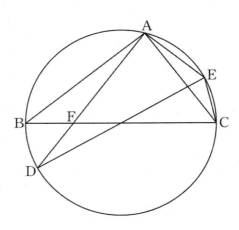

22. 삼차함수 $f(x)$에 대하여 구간 $(0, \infty)$에서 정의된 함수 $g(x)$를

$$g(x) = \begin{cases} x^3 - 8x^2 + 16x & (0 < x \le 4) \\ f(x) & (x > 4) \end{cases}$$

라 하자. 함수 $g(x)$가 구간 $(0, \infty)$에서 미분가능하고 다음 조건을 만족시킬 때, $g(10) = \dfrac{q}{p}$이다. $p+q$의 값을 구하시오. (단, p와 q는 서로소인 자연수이다.) [4점]

(가) $g\left(\dfrac{21}{2}\right) = 0$

(나) 점 $(-2, 0)$에서 곡선 $y = g(x)$에 그은, 기울기가 0이 아닌 접선이 오직 하나 존재한다.

5 지 선 다 형

23. $\lim\limits_{n \to \infty} \dfrac{2n^2 + 3n - 5}{n^2 + 1}$ 의 값은? [2점]

① $\dfrac{1}{2}$ ② 1 ③ $\dfrac{3}{2}$ ④ 2 ⑤ $\dfrac{5}{2}$

24. $\lim\limits_{n \to \infty} \dfrac{2\pi}{n} \sum\limits_{k=1}^{n} \sin \dfrac{\pi k}{3n}$ 의 값은? [3점]

① $\dfrac{5}{2}$ ② 3 ③ $\dfrac{7}{2}$ ④ 4 ⑤ $\dfrac{9}{2}$

25. 그림과 같이 곡선 $y=\dfrac{2}{\sqrt{x}}$ 와 x축 및 두 직선 $x=1$, $x=4$로 둘러싸인 부분을 밑면으로 하고 x축에 수직인 평면으로 자른 단면이 모두 정사각형인 입체도형의 부피는? [3점]

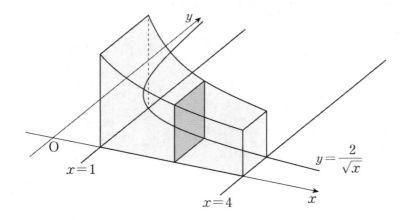

① $6\ln2$ ② $7\ln2$ ③ $8\ln2$ ④ $9\ln2$ ⑤ $10\ln2$

26. 함수 $f(x)=e^{2x}+e^x-1$ 의 역함수를 $g(x)$라 할 때, 함수 $g(5f(x))$의 $x=0$에서의 미분계수는? [3점]

① $\dfrac{1}{2}$ ② $\dfrac{3}{4}$ ③ 1 ④ $\dfrac{5}{4}$ ⑤ $\dfrac{3}{2}$

27. 모든 항이 자연수인 등비수열 $\{a_n\}$에 대하여

$$\sum_{n=1}^{\infty} \frac{a_n}{3^n} = 4$$

이고 급수 $\displaystyle\sum_{n=1}^{\infty} \frac{1}{a_{2n}}$이 실수 S에 수렴할 때, S의 값은? [3점]

① $\dfrac{1}{6}$ ② $\dfrac{1}{5}$ ③ $\dfrac{1}{4}$ ④ $\dfrac{1}{3}$ ⑤ $\dfrac{1}{2}$

28. 함수

$$f(x) = \sin x \cos x \times e^{a \sin x + b \cos x}$$

이 다음 조건을 만족시키도록 하는 서로 다른 두 실수 a, b의 순서쌍 (a, b)에 대하여 $a - b$의 최솟값은? [4점]

(가) $ab = 0$
(나) $\displaystyle\int_0^{\frac{\pi}{2}} f(x)\, dx = \dfrac{1}{a^2 + b^2} - 2e^{a+b}$

① $-\dfrac{5}{2}$ ② -2 ③ $-\dfrac{3}{2}$ ④ -1 ⑤ $-\dfrac{1}{2}$

단 답 형

29. 그림과 같이 $\overline{AB}=\overline{AC}$, $\overline{BC}=2$인 삼각형 ABC에 대하여 선분 AB를 지름으로 하는 원이 선분 AC와 만나는 점 중 A가 아닌 점을 D라 하고, 선분 AB의 중점을 E라 하자. $\angle BAC=\theta$일 때, 삼각형 CDE의 넓이를 $S(\theta)$라 하자. $60\times\lim\limits_{\theta\to 0+}\dfrac{S(\theta)}{\theta}$의 값을 구하시오. (단, $0<\theta<\dfrac{\pi}{2}$) [4점]

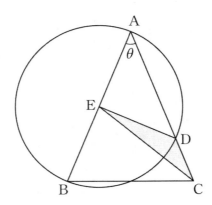

30. 두 정수 a, b에 대하여 함수

$$f(x)=(x^2+ax+b)e^{-x}$$

이 다음 조건을 만족시킨다.

(가) 함수 $f(x)$는 극값을 갖는다.

(나) 함수 $|f(x)|$가 $x=k$에서 극대 또는 극소인 모든 k의 값의 합은 3이다.

$f(10)=pe^{-10}$일 때, p의 값을 구하시오. [4점]

* 확인 사항

○ 답안지의 해당란에 필요한 내용을 정확히 기입(표기)했는지 확인 하시오.

수학 영역

● 문항수 30개 | 배점 100점 | 제한 시간 100분   ● 배점은 2점, 3점 또는 4점

5지선다형

1. $\sqrt{8} \times 4^{\frac{1}{4}}$ 의 값은? [2점]

① 2   ② $2\sqrt{2}$ ③ 4   ④ $4\sqrt{2}$ ⑤ 8

2. $\displaystyle\int_0^2 (2x^3 + 3x^2)dx$ 의 값은? [2점]

① 14   ② 16   ③ 18   ④ 20   ⑤ 22

3. 모든 항이 양수인 등비수열 $\{a_n\}$에 대하여

$$a_1 a_3 = 4, \quad a_3 a_5 = 64$$

일 때, a_6의 값은? [3점]

① 16   ② $16\sqrt{2}$ ③ 32   ④ $32\sqrt{2}$ ⑤ 64

4. 함수 $y = f(x)$의 그래프가 그림과 같다.

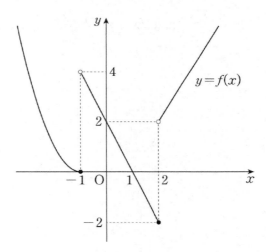

$$\lim_{x \to -1+} f(x) + \lim_{x \to 2-} f(x)$$의 값은? [3점]

① -4 ② -2 ③ 0   ④ 2   ⑤ 4

5. $\dfrac{\pi}{2} < \theta < \pi$인 θ에 대하여 $\sin\theta = 2\cos(\pi - \theta)$일 때,

$\cos\theta\tan\theta$의 값은? [3점]

① $-\dfrac{2\sqrt{5}}{5}$　　② $-\dfrac{\sqrt{5}}{5}$　　③ $\dfrac{1}{5}$

④ $\dfrac{\sqrt{5}}{5}$　　⑤ $\dfrac{2\sqrt{5}}{5}$

6. 함수 $f(x) = x^3 - 2x^2 + 2x + a$에 대하여 곡선 $y = f(x)$ 위의 점 $(1, f(1))$에서의 접선이 x축, y축과 만나는 점을 각각 P, Q라 하자. $\overline{PQ} = 6$일 때, 양수 a의 값은? [3점]

① $2\sqrt{2}$　② $\dfrac{5\sqrt{2}}{2}$　③ $3\sqrt{2}$　④ $\dfrac{7\sqrt{2}}{2}$　⑤ $4\sqrt{2}$

7. 두 함수

$$f(x) = x^2 - 4x, \quad g(x) = \begin{cases} -x^2 + 2x & (x < 2) \\ -x^2 + 6x - 8 & (x \geq 2) \end{cases}$$

의 그래프로 둘러싸인 부분의 넓이는? [3점]

① $\dfrac{40}{3}$　② 14　③ $\dfrac{44}{3}$　④ $\dfrac{46}{3}$　⑤ 16

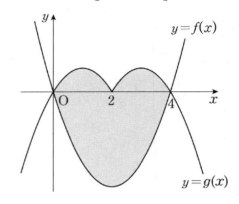

8. 첫째항이 20인 수열 $\{a_n\}$이 모든 자연수 n에 대하여

$$a_{n+1} = |a_n| - 2$$

를 만족시킬 때, $\displaystyle\sum_{n=1}^{30} a_n$의 값은? [3점]

① 88　　② 90　　③ 92　　④ 94　　⑤ 96

9. 최고차항의 계수가 1인 다항함수 $f(x)$가 모든 실수 x에 대하여

$$xf'(x) - 3f(x) = 2x^2 - 8x$$

를 만족시킬 때, $f(1)$의 값은? [4점]

① 1　　② 2　　③ 3　　④ 4　　⑤ 5

10. $a > 1$인 실수 a에 대하여 두 곡선

$$y = -\log_2(-x), \quad y = \log_2(x + 2a)$$

가 만나는 두 점을 A, B라 하자. 선분 AB의 중점이 직선 $4x + 3y + 5 = 0$ 위에 있을 때, 선분 AB의 길이는? [4점]

① $\dfrac{3}{2}$　　② $\dfrac{7}{4}$　　③ 2　　④ $\dfrac{9}{4}$　　⑤ $\dfrac{5}{2}$

11. 두 정수 a, b에 대하여 실수 전체의 집합에서 연속인 함수 $f(x)$가 다음 조건을 만족시킨다.

> (가) $0 \leq x < 4$에서 $f(x) = ax^2 + bx - 24$이다.
> (나) 모든 실수 x에 대하여 $f(x+4) = f(x)$이다.

$1 < x < 10$일 때, 방정식 $f(x) = 0$의 서로 다른 실근의 개수가 5이다. $a + b$의 값은? [4점]

① 18　　② 19　　③ 20　　④ 21　　⑤ 22

12. 양수 a에 대하여 함수

$$f(x) = \left| 4\sin\left(ax - \frac{\pi}{3}\right) + 2 \right| \quad \left(0 \leq x < \frac{4\pi}{a}\right)$$

의 그래프가 직선 $y = 2$와 만나는 서로 다른 점의 개수는 n이다. 이 n개의 점의 x좌표의 합이 39일 때, $n \times a$의 값은?

[4점]

① $\dfrac{\pi}{2}$　　② π　　③ $\dfrac{3\pi}{2}$　　④ 2π　　⑤ $\dfrac{5\pi}{2}$

13. 그림과 같이 $\overline{AB}=2$, $\overline{BC}=3\sqrt{3}$, $\overline{CA}=\sqrt{13}$ 인 삼각형 ABC가 있다. 선분 BC 위에 점 B가 아닌 점 D를 $\overline{AD}=2$가 되도록 잡고, 선분 AC 위에 양 끝점 A, C가 아닌 점 E를 사각형 ABDE가 원에 내접하도록 잡는다.

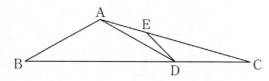

다음은 선분 DE의 길이를 구하는 과정이다.

삼각형 ABC에서 코사인법칙에 의하여
$$\cos(\angle ABC)= \boxed{(가)}$$
이다. 삼각형 ABD에서 $\sin(\angle ABD)= \sqrt{1-\left(\boxed{(가)}\right)^2}$
이므로 사인법칙에 의하여 삼각형 ABD의 외접원의 반지름의 길이는 $\boxed{(나)}$ 이다.
삼각형 ADC에서 사인법칙에 의하여
$$\frac{\overline{CD}}{\sin(\angle CAD)}=\frac{\overline{AD}}{\sin(\angle ACD)}$$
이므로 $\sin(\angle CAD)=\dfrac{\overline{CD}}{\overline{AD}}\times\sin(\angle ACD)$이다.
삼각형 ADE에서 사인법칙에 의하여
$$\overline{DE}= \boxed{(다)}$$
이다.

위의 (가), (나), (다)에 알맞은 수를 각각 p, q, r라 할 때, $p\times q\times r$의 값은? [4점]

① $\dfrac{6\sqrt{13}}{13}$ ② $\dfrac{7\sqrt{13}}{13}$ ③ $\dfrac{8\sqrt{13}}{13}$ ④ $\dfrac{9\sqrt{13}}{13}$ ⑤ $\dfrac{10\sqrt{13}}{13}$

14. 최고차항의 계수가 1인 삼차함수 $f(x)$와 실수 t에 대하여 x에 대한 방정식
$$\int_t^x f(s)ds=0$$
의 서로 다른 실근의 개수를 $g(t)$라 할 때, <보기>에서 옳은 것만을 있는 대로 고른 것은? [4점]

<보 기>

ㄱ. $f(x)=x^2(x-1)$일 때, $g(1)=1$이다.

ㄴ. 방정식 $f(x)=0$의 서로 다른 실근의 개수가 3이면 $g(a)=3$인 실수 a가 존재한다.

ㄷ. $\lim\limits_{t\to b}g(t)+g(b)=6$을 만족시키는 실수 b의 값이 0과 3뿐이면 $f(4)=12$이다.

---

① ㄱ ② ㄱ, ㄴ ③ ㄱ, ㄷ
④ ㄴ, ㄷ ⑤ ㄱ, ㄴ, ㄷ

15회

15. 수열 $\{a_n\}$의 첫째항부터 제n항까지의 합을 S_n이라 하자. 두 자연수 p, q에 대하여 $S_n = pn^2 - 36n + q$일 때, S_n이 다음 조건을 만족시키도록 하는 p의 최솟값을 p_1이라 하자.

> 임의의 두 자연수 i, j에 대하여 $i \ne j$이면 $S_i \ne S_j$이다.

$p = p_1$일 때, $|a_k| < a_1$을 만족시키는 자연수 k의 개수가 3이 되도록 하는 모든 q의 값의 합은? [4점]

① 372　　② 377　　③ 382　　④ 387　　⑤ 392

단 답 형

16. $\log_2 96 + \log_{\frac{1}{4}} 9$의 값을 구하시오. [3점]

17. 함수 $f(x) = x^3 - 3x^2 + ax + 10$이 $x = 3$에서 극소일 때, 함수 $f(x)$의 극댓값을 구하시오. (단, a는 상수이다.) [3점]

18. $\displaystyle\sum_{k=1}^{6}(k+1)^2 - \sum_{k=1}^{5}(k-1)^2$ 의 값을 구하시오. [3점]

19. 수직선 위를 움직이는 점 P의 시각 $t(t \geq 0)$에서의 속도 $v(t)$가

$$v(t) = 4t^3 - 48t$$

이다. 시각 $t = k(k > 0)$에서 점 P의 가속도가 0일 때, 시각 $t = 0$에서 $t = k$까지 점 P가 움직인 거리를 구하시오. (단, k는 상수이다.) [3점]

20. 최고차항의 계수가 1이고 다음 조건을 만족시키는 모든 삼차함수 $f(x)$에 대하여 $f(5)$의 최댓값을 구하시오. [4점]

(가) $\displaystyle\lim_{x \to 0}\frac{|f(x)-1|}{x}$ 의 값이 존재한다.

(나) 모든 실수 x에 대하여 $xf(x) \geq -4x^2 + x$이다.

21. 그림과 같이 $a > 1$인 실수 a에 대하여 두 곡선

$$y = a^{-2x} - 1, \quad y = a^x - 1$$

이 있다. 곡선 $y = a^{-2x} - 1$과 직선 $y = -\sqrt{3}x$가 서로 다른 두 점 O, A에서 만난다. 점 A를 지나고 직선 OA에 수직인 직선이 곡선 $y = a^x - 1$과 제1사분면에서 만나는 점을 B라 하자. $\overline{OA} : \overline{OB} = \sqrt{3} : \sqrt{19}$ 일 때, 선분 AB의 길이를 구하시오. (단, O는 원점이다.) [4점]

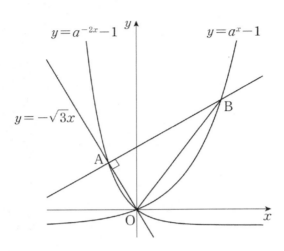

22. 최고차항의 계수가 1인 사차함수 $f(x)$와 실수 t에 대하여 구간 $(-\infty, \ t]$에서 함수 $f(x)$의 최솟값을 m_1이라 하고, 구간 $[t, \ \infty)$에서 함수 $f(x)$의 최솟값을 m_2라 할 때,

$$g(t) = m_1 - m_2$$

라 하자. $k > 0$인 상수 k와 함수 $g(t)$가 다음 조건을 만족시킨다.

> $g(t) = k$를 만족시키는 모든 실수 t의 값의 집합은 $\{t \mid 0 \leq t \leq 2\}$이다.

$g(4) = 0$일 때, $k + g(-1)$의 값을 구하시오. [4점]

---

* 확인 사항

○ 답안지의 해당란에 필요한 내용을 정확히 기입(표기)했는지 확인하시오.

○ 이어서, 「선택과목(미적분)」 문제가 제시되오니, 자신이 선택한 과목인지 확인하시오.

5지선다형

23. 첫째항이 1이고 공차가 2인 등차수열 $\{a_n\}$에 대하여

$\displaystyle\lim_{n \to \infty} \frac{a_n}{3n+1}$ 의 값은? [2점]

① $\dfrac{2}{3}$ ② 1   ③ $\dfrac{4}{3}$ ④ $\dfrac{5}{3}$ ⑤ 2

24. 미분가능한 함수 $f(x)$에 대하여

$$\lim_{x \to 0} \frac{f(x)-f(0)}{\ln(1+3x)} = 2$$

일 때, $f'(0)$의 값은? [3점]

① 4   ② 5   ③ 6   ④ 7   ⑤ 8

25. 매개변수 $t(0 < t < \pi)$로 나타내어진 곡선

$$x = \sin t - \cos t, \ y = 3\cos t + \sin t$$

위의 점 (a, b)에서의 접선의 기울기가 3일 때, $a+b$의 값은?

[3점]

① 0　　　　　② $-\dfrac{\sqrt{10}}{10}$　　　③ $-\dfrac{\sqrt{10}}{5}$

④ $-\dfrac{3\sqrt{10}}{10}$　　⑤ $-\dfrac{2\sqrt{10}}{5}$

26. $\displaystyle\lim_{n \to \infty}\sum_{k=1}^{n}\dfrac{k}{(2n-k)^2}$ 의 값은? [3점]

① $\dfrac{3}{2} - 2\ln 2$　　② $1 - \ln 2$　　③ $\dfrac{3}{2} - \ln 3$

④ $\ln 2$　　　　⑤ $2 - \ln 3$

27. 그림과 같이 $\overline{A_1B_1}=1$, $\overline{B_1C_1}=2\sqrt{6}$ 인 직사각형 $A_1B_1C_1D_1$이 있다. 중심이 B_1이고 반지름의 길이가 1인 원이 선분 B_1C_1과 만나는 점을 E_1이라 하고, 중심이 D_1이고 반지름의 길이가 1인 원이 선분 A_1D_1과 만나는 점을 F_1이라 하자. 선분 B_1D_1이 호 A_1E_1, 호 C_1F_1과 만나는 점을 각각 B_2, D_2라 하고, 두 선분 B_1B_2, D_1D_2의 중점을 각각 G_1, H_1이라 하자.

두 선분 A_1G_1, G_1B_2와 호 B_2A_1로 둘러싸인 부분인 ◠ 모양의 도형과 두 선분 D_2H_1, H_1F_1과 호 F_1D_2로 둘러싸인 부분인 ◠ 모양의 도형에 색칠하여 얻은 그림을 R_1이라 하자.

그림 R_1에서 선분 B_2D_2가 대각선이고 모든 변이 선분 A_1B_1 또는 선분 B_1C_1에 평행한 직사각형 $A_2B_2C_2D_2$를 그린다.

직사각형 $A_2B_2C_2D_2$에 그림 R_1을 얻은 것과 같은 방법으로 ◠ 모양의 도형과 ◠ 모양의 도형을 그리고 색칠하여 얻은 그림을 R_2라 하자.

이와 같은 과정을 계속하여 n번째 얻은 그림 R_n에 색칠되어 있는 부분의 넓이를 S_n이라 할 때, $\lim\limits_{n\to\infty}S_n$의 값은? [3점]

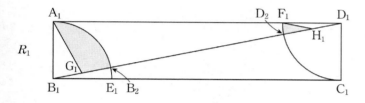

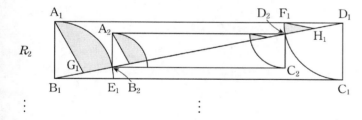

① $\dfrac{25\pi-12\sqrt{6}-5}{64}$ ② $\dfrac{25\pi-12\sqrt{6}-4}{64}$

③ $\dfrac{25\pi-10\sqrt{6}-6}{64}$ ④ $\dfrac{25\pi-10\sqrt{6}-5}{64}$

⑤ $\dfrac{25\pi-10\sqrt{6}-4}{64}$

28. 닫힌구간 $[0,\ 4\pi]$에서 연속이고 다음 조건을 만족시키는 모든 함수 $f(x)$에 대하여 $\displaystyle\int_0^{4\pi}|f(x)|dx$의 최솟값은? [4점]

> (가) $0\leq x\leq\pi$일 때, $f(x)=1-\cos x$이다.
> (나) $1\leq n\leq 3$인 각각의 자연수 n에 대하여
> $$f(n\pi+t)=f(n\pi)+f(t)\ (0<t\leq\pi)$$
> 또는
> $$f(n\pi+t)=f(n\pi)-f(t)\ (0<t\leq\pi)$$
> 이다.
> (다) $0<x<4\pi$에서 곡선 $y=f(x)$의 변곡점의 개수는 6이다.

① 4π ② 6π ③ 8π ④ 10π ⑤ 12π

29. 그림과 같이 길이가 2인 선분 AB를 지름으로 하는 반원이 있다. 선분 AB의 중점을 O라 하고 호 AB 위에 두 점 P, Q를

$$\angle \mathrm{BOP} = \theta, \ \angle \mathrm{BOQ} = 2\theta$$

가 되도록 잡는다. 점 Q를 지나고 선분 AB에 평행한 직선이 호 AB와 만나는 점 중 Q가 아닌 점을 R라 하고, 선분 BR가 두 선분 OP, OQ와 만나는 점을 각각 S, T라 하자. 세 선분 AO, OT, TR와 호 RA로 둘러싸인 부분의 넓이를 $f(\theta)$라 하고, 세 선분 QT, TS, SP와 호 PQ로 둘러싸인 부분의 넓이를 $g(\theta)$라 하자. $\displaystyle\lim_{\theta \to 0+} \frac{g(\theta)}{f(\theta)} = a$일 때, $80a$의 값을 구하시오. (단, $0 < \theta < \dfrac{\pi}{4}$) [4점]

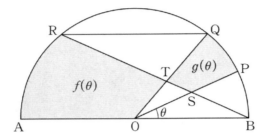

30. 최고차항의 계수가 1인 이차함수 $f(x)$에 대하여 실수 전체의 집합에서 정의된 함수

$$g(x) = \ln\{f(x) + f'(x) + 1\}$$

이 있다. 상수 a와 함수 $g(x)$가 다음 조건을 만족시킨다.

> (가) 모든 실수 x에 대하여 $g(x) > 0$이고
> $$\int_{2a}^{3a+x} g(t)\,dt = \int_{3a-x}^{2a+2} g(t)\,dt$$
> 이다.
> (나) $g(4) = \ln 5$

$\displaystyle\int_{3}^{5} \{f'(x) + 2a\} g(x)\,dx = m + n\ln 2$일 때, $m+n$의 값을 구하시오. (단, m, n은 정수이고, $\ln 2$는 무리수이다.) [4점]

---

* 확인 사항

○ 답안지의 해당란에 필요한 내용을 정확히 기입(표기)했는지 확인 하시오.

제 2 교시

수학 영역

16회

● 문항수 30개 | 배점 100점 | 제한 시간 100분

● 배점은 2점, 3점 또는 4점

5지선다형

1. $\sqrt[3]{24} \times 3^{\frac{2}{3}}$ 의 값은? [2점]

① 6   ② 7   ③ 8   ④ 9   ⑤ 10

2. 함수 $f(x) = 2x^3 - 5x^2 + 3$ 에 대하여 $\lim\limits_{h \to 0} \dfrac{f(2+h) - f(2)}{h}$ 의 값은? [2점]

① 1   ② 2   ③ 3   ④ 4   ⑤ 5

3. $\dfrac{3}{2}\pi < \theta < 2\pi$ 인 θ 에 대하여 $\sin(-\theta) = \dfrac{1}{3}$ 일 때, $\tan\theta$ 의 값은? [3점]

① $-\dfrac{\sqrt{2}}{2}$ ② $-\dfrac{\sqrt{2}}{4}$ ③ $-\dfrac{1}{4}$ ④ $\dfrac{1}{4}$ ⑤ $\dfrac{\sqrt{2}}{4}$

4. 함수

$$f(x) = \begin{cases} 3x - a & (x < 2) \\ x^2 + a & (x \geq 2) \end{cases}$$

가 실수 전체의 집합에서 연속일 때, 상수 a 의 값은? [3점]

① 1   ② 2   ③ 3   ④ 4   ⑤ 5

5. 다항함수 $f(x)$가

$$f'(x) = 3x(x-2), \quad f(1) = 6$$

을 만족시킬 때, $f(2)$의 값은? [3점]

① 1　　　② 2　　　③ 3　　　④ 4　　　⑤ 5

6. 등비수열 $\{a_n\}$의 첫째항부터 제n항까지의 합을 S_n이라 하자.

$$S_4 - S_2 = 3a_4, \quad a_5 = \frac{3}{4}$$

일 때, $a_1 + a_2$의 값은? [3점]

① 27　　　② 24　　　③ 21　　　④ 18　　　⑤ 15

7. 함수 $f(x) = \dfrac{1}{3}x^3 - 2x^2 - 12x + 4$가 $x = \alpha$에서 극대이고 $x = \beta$에서 극소일 때, $\beta - \alpha$의 값은? (단, α와 β는 상수이다.) [3점]

① -4　　　② -1　　　③ 2　　　④ 5　　　⑤ 8

8. 삼차함수 $f(x)$가 모든 실수 x에 대하여

$$xf(x) - f(x) = 3x^4 - 3x$$

를 만족시킬 때, $\displaystyle\int_{-2}^{2} f(x)\,dx$의 값은? [3점]

① 12　　② 16　　③ 20　　④ 24　　⑤ 28

9. 수직선 위의 두 점 $P(\log_5 3)$, $Q(\log_5 12)$에 대하여 선분 PQ를 $m : (1-m)$으로 내분하는 점의 좌표가 1일 때, 4^m의 값은? (단, m은 $0 < m < 1$인 상수이다.) [4점]

① $\dfrac{7}{6}$　　② $\dfrac{4}{3}$　　③ $\dfrac{3}{2}$　　④ $\dfrac{5}{3}$　　⑤ $\dfrac{11}{6}$

10. 시각 $t=0$일 때 동시에 원점을 출발하여 수직선 위를 움직이는 두 점 P, Q의 시각 $t\,(t \geq 0)$에서의 속도가 각각

$$v_1(t) = t^2 - 6t + 5, \quad v_2(t) = 2t - 7$$

이다. 시각 t에서의 두 점 P, Q 사이의 거리를 $f(t)$라 할 때, 함수 $f(t)$는 구간 $[0, a]$에서 증가하고, 구간 $[a, b]$에서 감소하고, 구간 $[b, \infty)$에서 증가한다. 시각 $t=a$에서 $t=b$까지 점 Q가 움직인 거리는? (단, $0 < a < b$) [4점]

① $\dfrac{15}{2}$　　② $\dfrac{17}{2}$　　③ $\dfrac{19}{2}$　　④ $\dfrac{21}{2}$　　⑤ $\dfrac{23}{2}$

11. 공차가 0이 아닌 등차수열 $\{a_n\}$에 대하여

$$|a_6| = a_8, \quad \sum_{k=1}^{5} \frac{1}{a_k a_{k+1}} = \frac{5}{96}$$

일 때, $\displaystyle\sum_{k=1}^{15} a_k$의 값은? [4점]

① 60   ② 65   ③ 70   ④ 75   ⑤ 80

12. 함수 $f(x) = \dfrac{1}{9} x(x-6)(x-9)$와 실수 $t \, (0 < t < 6)$에 대하여 함수 $g(x)$는

$$g(x) = \begin{cases} f(x) & (x < t) \\ -(x-t) + f(t) & (x \geq t) \end{cases}$$

이다. 함수 $y = g(x)$의 그래프와 x축으로 둘러싸인 영역의 넓이의 최댓값은? [4점]

① $\dfrac{125}{4}$ ② $\dfrac{127}{4}$ ③ $\dfrac{129}{4}$ ④ $\dfrac{131}{4}$ ⑤ $\dfrac{133}{4}$

13. 그림과 같이

$$\overline{AB} = 3, \quad \overline{BC} = \sqrt{13}, \quad \overline{AD} \times \overline{CD} = 9, \quad \angle BAC = \frac{\pi}{3}$$

인 사각형 ABCD가 있다. 삼각형 ABC의 넓이를 S_1, 삼각형 ACD의 넓이를 S_2라 하고, 삼각형 ACD의 외접원의 반지름의 길이를 R이라 하자.

$S_2 = \dfrac{5}{6}S_1$일 때, $\dfrac{R}{\sin(\angle ADC)}$의 값은? [4점]

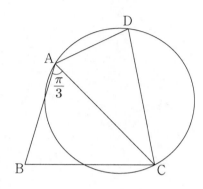

① $\dfrac{54}{25}$ ② $\dfrac{117}{50}$ ③ $\dfrac{63}{25}$ ④ $\dfrac{27}{10}$ ⑤ $\dfrac{72}{25}$

14. 두 자연수 a, b에 대하여 함수 $f(x)$는

$$f(x) = \begin{cases} 2x^3 - 6x + 1 & (x \le 2) \\ a(x-2)(x-b) + 9 & (x > 2) \end{cases}$$

이다. 실수 t에 대하여 함수 $y = f(x)$의 그래프와 직선 $y = t$가 만나는 점의 개수를 $g(t)$라 하자.

$$g(k) + \lim_{t \to k-} g(t) + \lim_{t \to k+} g(t) = 9$$

를 만족시키는 실수 k의 개수가 1이 되도록 하는 두 자연수 a, b의 순서쌍 (a, b)에 대하여 $a+b$의 최댓값은? [4점]

① 51 ② 52 ③ 53 ④ 54 ⑤ 55

15. 첫째항이 자연수인 수열 $\{a_n\}$이 모든 자연수 n에 대하여

$$a_{n+1} = \begin{cases} 2^{a_n} & (a_n \text{이 홀수인 경우}) \\ \dfrac{1}{2}a_n & (a_n \text{이 짝수인 경우}) \end{cases}$$

를 만족시킬 때, $a_6 + a_7 = 3$이 되도록 하는 모든 a_1의 값의 합은? [4점]

① 139 ② 146 ③ 153 ④ 160 ⑤ 167

16. 방정식 $3^{x-8} = \left(\dfrac{1}{27}\right)^x$을 만족시키는 실수 x의 값을 구하시오. [3점]

17. 함수 $f(x) = (x+1)(x^2+3)$에 대하여 $f'(1)$의 값을 구하시오. [3점]

18. 두 수열 $\{a_n\}$, $\{b_n\}$에 대하여

$$\sum_{k=1}^{10} a_k = \sum_{k=1}^{10}(2b_k - 1), \quad \sum_{k=1}^{10}(3a_k + b_k) = 33$$

일 때, $\displaystyle\sum_{k=1}^{10} b_k$의 값을 구하시오. [3점]

19. 함수 $f(x) = \sin\dfrac{\pi}{4}x$라 할 때, $0 < x < 16$에서 부등식

$$f(2+x)f(2-x) < \frac{1}{4}$$

을 만족시키는 모든 자연수 x의 값의 합을 구하시오. [3점]

20. $a > \sqrt{2}$인 실수 a에 대하여 함수 $f(x)$를

$$f(x) = -x^3 + ax^2 + 2x$$

라 하자. 곡선 $y = f(x)$ 위의 점 $O(0, 0)$에서의 접선이 곡선 $y = f(x)$와 만나는 점 중 O가 아닌 점을 A라 하고, 곡선 $y = f(x)$ 위의 점 A에서의 접선이 x축과 만나는 점을 B라 하자. 점 A가 선분 OB를 지름으로 하는 원 위의 점일 때, $\overline{OA} \times \overline{AB}$의 값을 구하시오. [4점]

21. 양수 a에 대하여 $x \geq -1$에서 정의된 함수 $f(x)$는

$$f(x) = \begin{cases} -x^2 + 6x & (-1 \leq x < 6) \\ a\log_4(x-5) & (x \geq 6) \end{cases}$$

이다. $t \geq 0$인 실수 t에 대하여 닫힌구간 $[t-1,\, t+1]$에서의 $f(x)$의 최댓값을 $g(t)$라 하자. 구간 $[0,\, \infty)$에서 함수 $g(t)$의 최솟값이 5가 되도록 하는 양수 a의 최솟값을 구하시오. [4점]

22. 최고차항의 계수가 1인 삼차함수 $f(x)$가 다음 조건을 만족시킨다.

> 함수 $f(x)$에 대하여
> $$f(k-1)f(k+1) < 0$$
> 을 만족시키는 정수 k는 존재하지 않는다.

$f'\left(-\dfrac{1}{4}\right) = -\dfrac{1}{4}$, $f'\left(\dfrac{1}{4}\right) < 0$일 때, $f(8)$의 값을 구하시오. [4점]

---

* 확인 사항
○ 답안지의 해당란에 필요한 내용을 정확히 기입(표기)했는지 확인하시오.
○ 이어서, 「선택과목(미적분)」 문제가 제시되오니, 자신이 선택한 과목인지 확인하시오.

5지선다 형

23. $\displaystyle\lim_{x \to 0} \dfrac{\ln(1+3x)}{\ln(1+5x)}$ 의 값은? [2점]

① $\dfrac{1}{5}$　② $\dfrac{2}{5}$　③ $\dfrac{3}{5}$　④ $\dfrac{4}{5}$　⑤ 1

24. 매개변수 $t\,(t>0)$으로 나타내어진 곡선

$$x = \ln(t^3+1), \quad y = \sin\pi t$$

에서 $t=1$일 때, $\dfrac{dy}{dx}$의 값은? [3점]

① $-\dfrac{1}{3}\pi$　② $-\dfrac{2}{3}\pi$　③ $-\pi$　④ $-\dfrac{4}{3}\pi$　⑤ $-\dfrac{5}{3}\pi$

25. 양의 실수 전체의 집합에서 정의되고 미분가능한
두 함수 $f(x)$, $g(x)$가 있다. $g(x)$는 $f(x)$의 역함수이고,
$g'(x)$는 양의 실수 전체의 집합에서 연속이다.
모든 양수 a에 대하여

$$\int_{1}^{a} \frac{1}{g'(f(x))f(x)} \, dx = 2\ln a + \ln(a+1) - \ln 2$$

이고 $f(1)=8$일 때, $f(2)$의 값은? [3점]

① 36   ② 40   ③ 44   ④ 48   ⑤ 52

26. 그림과 같이 곡선 $y = \sqrt{(1-2x)\cos x}$ $\left(\dfrac{3}{4}\pi \leq x \leq \dfrac{5}{4}\pi\right)$와

x축 및 두 직선 $x = \dfrac{3}{4}\pi$, $x = \dfrac{5}{4}\pi$로 둘러싸인 부분을 밑면으로

하는 입체도형이 있다. 이 입체도형을 x축에 수직인 평면으로
자른 단면이 모두 정사각형일 때, 이 입체도형의 부피는? [3점]

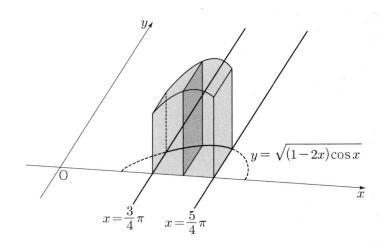

① $\sqrt{2}\pi - \sqrt{2}$ ② $\sqrt{2}\pi - 1$ ③ $2\sqrt{2}\pi - \sqrt{2}$

④ $2\sqrt{2}\pi - 1$ ⑤ $2\sqrt{2}\pi$

27. 실수 t에 대하여 원점을 지나고 곡선 $y = \dfrac{1}{e^x} + e^t$에 접하는 직선의 기울기를 $f(t)$라 하자. $f(a) = -e\sqrt{e}$를 만족시키는 상수 a에 대하여 $f'(a)$의 값은? [3점]

① $-\dfrac{1}{3}e\sqrt{e}$　　② $-\dfrac{1}{2}e\sqrt{e}$　　③ $-\dfrac{2}{3}e\sqrt{e}$

④ $-\dfrac{5}{6}e\sqrt{e}$　　⑤ $-e\sqrt{e}$

28. 실수 전체의 집합에서 연속인 함수 $f(x)$가 모든 실수 x에 대하여 $f(x) \geq 0$이고, $x < 0$일 때 $f(x) = -4xe^{4x^2}$이다.

모든 양수 t에 대하여 x에 대한 방정식 $f(x) = t$의 서로 다른 실근의 개수는 2이고, 이 방정식의 두 실근 중 작은 값을 $g(t)$, 큰 값을 $h(t)$라 하자.

두 함수 $g(t)$, $h(t)$는 모든 양수 t에 대하여

$$2g(t) + h(t) = k \ (k\text{는 상수})$$

를 만족시킨다. $\displaystyle\int_0^7 f(x)\,dx = e^4 - 1$일 때, $\dfrac{f(9)}{f(8)}$의 값은? [4점]

① $\dfrac{3}{2}e^5$　② $\dfrac{4}{3}e^7$　③ $\dfrac{5}{4}e^9$　④ $\dfrac{6}{5}e^{11}$　⑤ $\dfrac{7}{6}e^{13}$

29. 첫째항과 공비가 각각 0이 아닌 두 등비수열

$\{a_n\}$, $\{b_n\}$에 대하여 두 급수 $\sum_{n=1}^{\infty} a_n$, $\sum_{n=1}^{\infty} b_n$이 각각 수렴하고

$$\sum_{n=1}^{\infty} a_n b_n = \left(\sum_{n=1}^{\infty} a_n\right) \times \left(\sum_{n=1}^{\infty} b_n\right),$$

$$3 \times \sum_{n=1}^{\infty} |a_{2n}| = 7 \times \sum_{n=1}^{\infty} |a_{3n}|$$

이 성립한다. $\sum_{n=1}^{\infty} \dfrac{b_{2n-1} + b_{3n+1}}{b_n} = S$일 때, $120S$의 값을

구하시오. [4점]

30. 실수 전체의 집합에서 미분가능한 함수 $f(x)$의 도함수 $f'(x)$가

$$f'(x) = |\sin x| \cos x$$

이다. 양수 a에 대하여 곡선 $y = f(x)$ 위의 점 $(a, f(a))$에서의 접선의 방정식을 $y = g(x)$라 하자. 함수

$$h(x) = \int_0^x \{f(t) - g(t)\} dt$$

가 $x = a$에서 극대 또는 극소가 되도록 하는 모든 양수 a를 작은 수부터 크기순으로 나열할 때, n번째 수를 a_n이라 하자.

$\dfrac{100}{\pi} \times (a_6 - a_2)$의 값을 구하시오. [4점]

---

* 확인 사항

○ 답안지의 해당란에 필요한 내용을 정확히 기입(표기)했는지 확인하시오.

수학 영역

5지선다형

1. $\left(\dfrac{4}{2^{\sqrt{2}}}\right)^{2+\sqrt{2}}$ 의 값은? [2점]

① $\dfrac{1}{4}$ ② $\dfrac{1}{2}$ ③ 1   ④ 2   ⑤ 4

2. $\lim\limits_{x \to \infty} \dfrac{\sqrt{x^2-2}+3x}{x+5}$ 의 값은? [2점]

① 1   ② 2   ③ 3   ④ 4   ⑤ 5

3. 공비가 양수인 등비수열 $\{a_n\}$ 이

$$a_2+a_4=30, \quad a_4+a_6=\frac{15}{2}$$

를 만족시킬 때, a_1 의 값은? [3점]

① 48   ② 56   ③ 64   ④ 72   ⑤ 80

4. 다항함수 $f(x)$ 에 대하여 함수 $g(x)$ 를

$$g(x) = x^2 f(x)$$

라 하자. $f(2)=1$, $f'(2)=3$일 때, $g'(2)$의 값은? [3점]

① 12   ② 14   ③ 16   ④ 18   ⑤ 20

5. $\tan\theta<0$이고 $\cos\left(\dfrac{\pi}{2}+\theta\right)=\dfrac{\sqrt{5}}{5}$일 때, $\cos\theta$의 값은? [3점]

① $-\dfrac{2\sqrt{5}}{5}$ ② $-\dfrac{\sqrt{5}}{5}$ ③ 0

④ $\dfrac{\sqrt{5}}{5}$ ⑤ $\dfrac{2\sqrt{5}}{5}$

6. 함수 $f(x)=2x^3-9x^2+ax+5$는 $x=1$에서 극대이고, $x=b$에서 극소이다. $a+b$의 값은? (단, a, b는 상수이다.) [3점]

① 12 ② 14 ③ 16 ④ 18 ⑤ 20

7. 모든 항이 양수이고 첫째항과 공차가 같은 등차수열 $\{a_n\}$이

$$\sum_{k=1}^{15}\dfrac{1}{\sqrt{a_k}+\sqrt{a_{k+1}}}=2$$

를 만족시킬 때, a_4의 값은? [3점]

① 6 ② 7 ③ 8 ④ 9 ⑤ 10

8. 점 $(0, 4)$에서 곡선 $y = x^3 - x + 2$에 그은 접선의 x절편은?

[3점]

① $-\dfrac{1}{2}$ ② -1 ③ $-\dfrac{3}{2}$ ④ -2 ⑤ $-\dfrac{5}{2}$

9. 함수

$$f(x) = a - \sqrt{3} \tan 2x$$

가 닫힌구간 $\left[-\dfrac{\pi}{6}, b \right]$에서 최댓값 7, 최솟값 3을 가질 때,

$a \times b$의 값은? (단, a, b는 상수이다.) [4점]

① $\dfrac{\pi}{2}$ ② $\dfrac{5\pi}{12}$ ③ $\dfrac{\pi}{3}$ ④ $\dfrac{\pi}{4}$ ⑤ $\dfrac{\pi}{6}$

10. 두 곡선 $y = x^3 + x^2$, $y = -x^2 + k$와 y축으로 둘러싸인 부분의 넓이를 A, 두 곡선 $y = x^3 + x^2$, $y = -x^2 + k$와 직선 $x = 2$로 둘러싸인 부분의 넓이를 B라 하자. $A = B$일 때, 상수 k의 값은? (단, $4 < k < 5$) [4점]

① $\dfrac{25}{6}$ ② $\dfrac{13}{3}$ ③ $\dfrac{9}{2}$ ④ $\dfrac{14}{3}$ ⑤ $\dfrac{29}{6}$

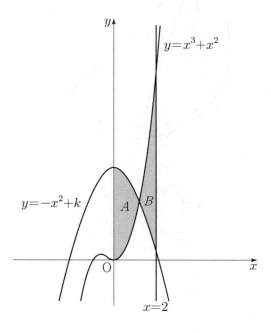

11. 그림과 같이 사각형 ABCD가 한 원에 내접하고

$$\overline{AB} = 5, \quad \overline{AC} = 3\sqrt{5}, \quad \overline{AD} = 7, \quad \angle BAC = \angle CAD$$

일 때, 이 원의 반지름의 길이는? [4점]

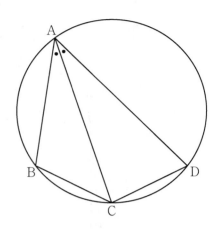

① $\dfrac{5\sqrt{2}}{2}$ ② $\dfrac{8\sqrt{5}}{5}$ ③ $\dfrac{5\sqrt{5}}{3}$

④ $\dfrac{8\sqrt{2}}{3}$ ⑤ $\dfrac{9\sqrt{3}}{4}$

12. 실수 전체의 집합에서 연속인 함수 $f(x)$가 다음 조건을 만족시킨다.

> $n-1 \leq x < n$일 때, $|f(x)| = |6(x-n+1)(x-n)|$ 이다.
> (단, n은 자연수이다.)

열린구간 $(0, 4)$에서 정의된 함수

$$g(x) = \int_0^x f(t)\,dt - \int_x^4 f(t)\,dt$$

가 $x=2$에서 최솟값 0을 가질 때, $\displaystyle\int_{\frac{1}{2}}^4 f(x)\,dx$의 값은? [4점]

① $-\dfrac{3}{2}$ ② $-\dfrac{1}{2}$ ③ $\dfrac{1}{2}$ ④ $\dfrac{3}{2}$ ⑤ $\dfrac{5}{2}$

13. 자연수 $m\,(m \geq 2)$에 대하여 m^{12}의 n제곱근 중에서 정수가 존재하도록 하는 2 이상의 자연수 n의 개수를 $f(m)$이라 할 때, $\sum_{m=2}^{9} f(m)$의 값은? [4점]

① 37   ② 42   ③ 47   ④ 52   ⑤ 57

14. 다항함수 $f(x)$에 대하여 함수 $g(x)$를 다음과 같이 정의한다.

$$g(x) = \begin{cases} x & (x < -1 \text{ 또는 } x > 1) \\ f(x) & (-1 \leq x \leq 1) \end{cases}$$

함수 $h(x) = \lim\limits_{t \to 0+} g(x+t) \times \lim\limits_{t \to 2+} g(x+t)$에 대하여 <보기>에서 옳은 것만을 있는 대로 고른 것은? [4점]

<보 기>
ㄱ. $h(1) = 3$

ㄴ. 함수 $h(x)$는 실수 전체의 집합에서 연속이다.

ㄷ. 함수 $g(x)$가 닫힌구간 $[-1, 1]$에서 감소하고 $g(-1) = -2$이면 함수 $h(x)$는 실수 전체의 집합에서 최솟값을 갖는다.

① ㄱ   ② ㄴ   ③ ㄱ, ㄴ   ④ ㄱ, ㄷ   ⑤ ㄴ, ㄷ

17회

15. 모든 항이 자연수이고 다음 조건을 만족시키는 모든 수열 $\{a_n\}$에 대하여 a_9의 최댓값과 최솟값을 각각 M, m이라 할 때, $M+m$의 값은? [4점]

(가) $a_7 = 40$

(나) 모든 자연수 n에 대하여

$$a_{n+2} = \begin{cases} a_{n+1} + a_n & (a_{n+1} \text{이 } 3 \text{의 배수가 아닌 경우}) \\ \dfrac{1}{3} a_{n+1} & (a_{n+1} \text{이 } 3 \text{의 배수인 경우}) \end{cases}$$

이다.

---

① 216   ② 218   ③ 220   ④ 222   ⑤ 224

단답형

16. 방정식

$$\log_2(3x+2) = 2 + \log_2(x-2)$$

를 만족시키는 실수 x의 값을 구하시오. [3점]

17. 함수 $f(x)$에 대하여 $f'(x) = 4x^3 - 2x$이고 $f(0) = 3$일 때, $f(2)$의 값을 구하시오. [3점]

18. 두 수열 $\{a_n\}$, $\{b_n\}$에 대하여

$$\sum_{k=1}^{5}(3a_k+5)=55, \quad \sum_{k=1}^{5}(a_k+b_k)=32$$

일 때, $\displaystyle\sum_{k=1}^{5}b_k$의 값을 구하시오. [3점]

19. 방정식 $2x^3-6x^2+k=0$의 서로 다른 양의 실근의
개수가 2가 되도록 하는 정수 k의 개수를 구하시오. [3점]

20. 수직선 위를 움직이는 점 P의 시각 $t\,(t\geq 0)$에서의
속도 $v(t)$와 가속도 $a(t)$가 다음 조건을 만족시킨다.

> (가) $0\leq t\leq 2$일 때, $v(t)=2t^3-8t$이다.
>
> (나) $t\geq 2$일 때, $a(t)=6t+4$이다.

시각 $t=0$에서 $t=3$까지 점 P가 움직인 거리를 구하시오. [4점]

17회

21. 자연수 n에 대하여 함수 $f(x)$를

$$f(x) = \begin{cases} \left|3^{x+2} - n\right| & (x < 0) \\ \left|\log_2(x+4) - n\right| & (x \geq 0) \end{cases}$$

이라 하자. 실수 t에 대하여 x에 대한 방정식 $f(x) = t$의 서로 다른 실근의 개수를 $g(t)$라 할 때, 함수 $g(t)$의 최댓값이 4가 되도록 하는 모든 자연수 n의 값의 합을 구하시오. [4점]

22. 최고차항의 계수가 1인 삼차함수 $f(x)$와 실수 전체의 집합에서 연속인 함수 $g(x)$가 다음 조건을 만족시킬 때, $f(4)$의 값을 구하시오. [4점]

(가) 모든 실수 x에 대하여
$f(x) = f(1) + (x-1)f'(g(x))$이다.

(나) 함수 $g(x)$의 최솟값은 $\dfrac{5}{2}$이다.

(다) $f(0) = -3$, $f(g(1)) = 6$

* 확인 사항

○ 답안지의 해당란에 필요한 내용을 정확히 기입(표기)했는지 확인하시오.

○ 이어서, 「선택과목(미적분)」 문제가 제시되오니, 자신이 선택한 과목인지 확인하시오.

수학 영역(미적분)

5지선다형

23. $\lim\limits_{x \to 0} \dfrac{\ln(x+1)}{\sqrt{x+4}-2}$ 의 값은? [2점]

① 1 ② 2 ③ 3 ④ 4 ⑤ 5

24. $\lim\limits_{n \to \infty} \dfrac{1}{n} \sum\limits_{k=1}^{n} \sqrt{1 + \dfrac{3k}{n}}$ 의 값은? [3점]

① $\dfrac{4}{3}$ ② $\dfrac{13}{9}$ ③ $\dfrac{14}{9}$ ④ $\dfrac{5}{3}$ ⑤ $\dfrac{16}{9}$

25. 등비수열 $\{a_n\}$에 대하여 $\lim\limits_{n \to \infty} \dfrac{a_n + 1}{3^n + 2^{2n-1}} = 3$일 때, a_2의 값은? [3점]

① 16   ② 18   ③ 20   ④ 22   ⑤ 24

26. 그림과 같이 곡선 $y = \sqrt{\sec^2 x + \tan x}\left(0 \le x \le \dfrac{\pi}{3}\right)$와 x축, y축 및 직선 $x = \dfrac{\pi}{3}$로 둘러싸인 부분을 밑면으로 하는 입체도형이 있다. 이 입체도형을 x축에 수직인 평면으로 자른 단면이 모두 정사각형일 때, 이 입체도형의 부피는? [3점]

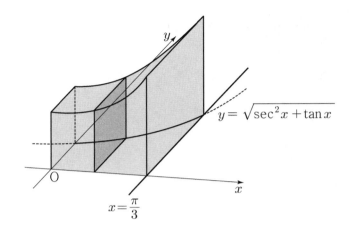

$$y = \sqrt{\sec^2 x + \tan x}$$

$$x = \dfrac{\pi}{3}$$

① $\dfrac{\sqrt{3}}{2} + \dfrac{\ln 2}{2}$ ② $\dfrac{\sqrt{3}}{2} + \ln 2$ ③ $\sqrt{3} + \dfrac{\ln 2}{2}$

④ $\sqrt{3} + \ln 2$ ⑤ $\sqrt{3} + 2\ln 2$

27. 그림과 같이 중심이 O, 반지름의 길이가 1이고 중심각의 크기가 $\frac{\pi}{2}$인 부채꼴 OA_1B_1이 있다. 호 A_1B_1 위에 점 P_1, 선분 OA_1 위에 점 C_1, 선분 OB_1 위에 점 D_1을 사각형 $OC_1P_1D_1$이 $\overline{OC_1}:\overline{OD_1}=3:4$인 직사각형이 되도록 잡는다.

부채꼴 OA_1B_1의 내부에 점 Q_1을 $\overline{P_1Q_1}=\overline{A_1Q_1}$, $\angle P_1Q_1A_1=\frac{\pi}{2}$가 되도록 잡고, 이등변삼각형 $P_1Q_1A_1$에 색칠하여 얻은 그림을 R_1이라 하자.

그림 R_1에서 선분 OA_1 위의 점 A_2와 선분 OB_1 위의 점 B_2를 $\overline{OQ_1}=\overline{OA_2}=\overline{OB_2}$가 되도록 잡고, 중심이 O, 반지름의 길이가 $\overline{OQ_1}$, 중심각의 크기가 $\frac{\pi}{2}$인 부채꼴 OA_2B_2를 그린다. 그림 R_1을 얻은 것과 같은 방법으로 네 점 P_2, C_2, D_2, Q_2를 잡고, 이등변삼각형 $P_2Q_2A_2$에 색칠하여 얻은 그림을 R_2라 하자. 이와 같은 과정을 계속하여 n번째 얻은 그림 R_n에 색칠되어 있는 부분의 넓이를 S_n이라 할 때, $\lim\limits_{n\to\infty} S_n$의 값은? [3점]

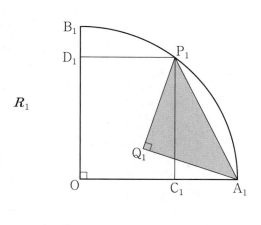

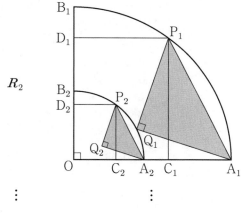

① $\dfrac{9}{40}$　② $\dfrac{1}{4}$　③ $\dfrac{11}{40}$　④ $\dfrac{3}{10}$　⑤ $\dfrac{13}{40}$

28. 그림과 같이 중심이 O이고 길이가 2인 선분 AB를 지름으로 하는 반원 위에 $\angle AOC=\frac{\pi}{2}$인 점 C가 있다. 호 BC 위에 점 P와 호 CA 위에 점 Q를 $\overline{PB}=\overline{QC}$가 되도록 잡고, 선분 AP 위에 점 R를 $\angle CQR=\frac{\pi}{2}$가 되도록 잡는다. 선분 AP와 선분 CO의 교점을 S라 하자. $\angle PAB=\theta$일 때, 삼각형 POB의 넓이를 $f(\theta)$, 사각형 CQRS의 넓이를 $g(\theta)$라 하자. $\lim\limits_{\theta\to 0+}\dfrac{3f(\theta)-2g(\theta)}{\theta^2}$의 값은? (단, $0<\theta<\frac{\pi}{4}$) [4점]

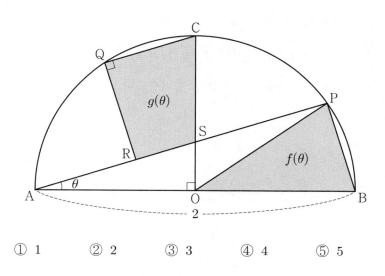

① 1　② 2　③ 3　④ 4　⑤ 5

수학 영역(미적분)

단답형

29. 세 상수 a, b, c에 대하여 함수 $f(x) = ae^{2x} + be^x + c$가 다음 조건을 만족시킨다.

> (가) $\displaystyle\lim_{x \to -\infty} \dfrac{f(x)+6}{e^x} = 1$
>
> (나) $f(\ln 2) = 0$

함수 $f(x)$의 역함수를 $g(x)$라 할 때,

$\displaystyle\int_0^{14} g(x)\,dx = p + q\ln 2$이다. $p+q$의 값을 구하시오.

(단, p, q는 유리수이고, $\ln 2$는 무리수이다.) [4점]

30. 최고차항의 계수가 양수인 삼차함수 $f(x)$와

함수 $g(x) = e^{\sin \pi x} - 1$에 대하여 실수 전체의 집합에서 정의된 합성함수 $h(x) = g(f(x))$가 다음 조건을 만족시킨다.

> (가) 함수 $h(x)$는 $x = 0$에서 극댓값 0을 갖는다.
>
> (나) 열린구간 $(0, 3)$에서 방정식 $h(x) = 1$의 서로 다른 실근의 개수는 7이다.

$f(3) = \dfrac{1}{2}$, $f'(3) = 0$일 때, $f(2) = \dfrac{q}{p}$이다. $p+q$의 값을 구하시오. (단, p와 q는 서로소인 자연수이다.) [4점]

---

* 확인 사항

○ 답안지의 해당란에 필요한 내용을 정확히 기입(표기)했는지 확인하시오.

[해설편 p.169]

※ 답안지 작성(표기)은 반드시 검은색 컴퓨터용 사인펜만을 사용하고, 연필 또는 샤프 등의 필기구를 절대 사용하지 마십시오.

② 교시 **수 학 영 역**

결시자 확인 (수험생은 표기하지 말것.)

| 검은색 컴퓨터용 사인펜을 사용하여 수험번호란과 옆란을 표기 | ○ |

※ 문제지 표지에 안내된 필적 확인 문구를 아래 '필적 확인란'에 정자로 반드시 기재하여야 합니다.

필 적 확인란

성 명

수 험 번 호

문형

홀수형 ○

짝수형 ○

※문제의 문형을 확인 후 표기

공 통 과 목

문번	답 란	문번	답 란
1	① ② ③ ④ ⑤	11	① ② ③ ④ ⑤
2	① ② ③ ④ ⑤	12	① ② ③ ④ ⑤
3	① ② ③ ④ ⑤	13	① ② ③ ④ ⑤
4	① ② ③ ④ ⑤	14	① ② ③ ④ ⑤
5	① ② ③ ④ ⑤	15	① ② ③ ④ ⑤
6	① ② ③ ④ ⑤		
7	① ② ③ ④ ⑤		
8	① ② ③ ④ ⑤		
9	① ② ③ ④ ⑤		
10	① ② ③ ④ ⑤		

※ 단답형 답란 표기방법

- 십진법에 의하되, 반드시 자리에 맞추어 표기
- 정답이 한 자리인 경우 일의 자리에만 표기하거나, 십의 자리에 ⓪을 표기하고 일의 자리에 표기

※ 예시
- 정답 100 → 백의 자리 ①, 십의 자리 ⓪, 일의 자리 ⓪
- 정답 98 → 십의 자리 ⑨, 일의 자리 ⑧
- 정답 5 → 일의 자리 ⑤, 또는 십의 자리 ⓪, 일의 자리 ⑤

선 택 과 목

문번	답 란
23	① ② ③ ④ ⑤
24	① ② ③ ④ ⑤
25	① ② ③ ④ ⑤
26	① ② ③ ④ ⑤
27	① ② ③ ④ ⑤
28	① ② ③ ④ ⑤

감독관 확인 (수험생은 표기하지 말것)

| 서 명 또는 날 인 | 본인 여부, 수험번호 및 문형의 표기가 정확한지 확인, 옆란에 서명 또는 날인 |

리얼 오리지널 l 고3 〈3개년〉

✂ 절취선

[　　회] 리얼 오리지널 모의고사 답안지

※ 답안지 작성(표기)은 반드시 검은색 컴퓨터용 사인펜만을 사용하고, 연필 또는 샤프 등의 필기구를 절대 사용하지 마십시오.

② 교시 **수 학 영 역**

결시자 확인 (수험생은 표기하지 말것.)

| 검은색 컴퓨터용 사인펜을 사용하여 수험번호란과 옆란을 표기 | ○ |

※ 문제지 표지에 안내된 필적 확인 문구를 아래 '필적 확인란'에 정자로 반드시 기재하여야 합니다.

필 적 확인란

성 명

수 험 번 호

문형

홀수형 ○

짝수형 ○

※문제의 문형을 확인 후 표기

공 통 과 목

문번	답 란	문번	답 란
1	① ② ③ ④ ⑤	11	① ② ③ ④ ⑤
2	① ② ③ ④ ⑤	12	① ② ③ ④ ⑤
3	① ② ③ ④ ⑤	13	① ② ③ ④ ⑤
4	① ② ③ ④ ⑤	14	① ② ③ ④ ⑤
5	① ② ③ ④ ⑤	15	① ② ③ ④ ⑤
6	① ② ③ ④ ⑤		
7	① ② ③ ④ ⑤		
8	① ② ③ ④ ⑤		
9	① ② ③ ④ ⑤		
10	① ② ③ ④ ⑤		

※ 단답형 답란 표기방법

- 십진법에 의하되, 반드시 자리에 맞추어 표기
- 정답이 한 자리인 경우 일의 자리에만 표기하거나, 십의 자리에 ⓪을 표기하고 일의 자리에 표기

※ 예시
- 정답 100 → 백의 자리 ①, 십의 자리 ⓪, 일의 자리 ⓪
- 정답 98 → 십의 자리 ⑨, 일의 자리 ⑧
- 정답 5 → 일의 자리 ⑤, 또는 십의 자리 ⓪, 일의 자리 ⑤

선 택 과 목

문번	답 란
23	① ② ③ ④ ⑤
24	① ② ③ ④ ⑤
25	① ② ③ ④ ⑤
26	① ② ③ ④ ⑤
27	① ② ③ ④ ⑤
28	① ② ③ ④ ⑤

감독관 확인 (수험생은 표기하지 말것)

| 서 명 또는 날 인 | 본인 여부, 수험번호 및 문형의 표기가 정확한지 확인, 옆란에 서명 또는 날인 |

리얼 오리지널 l 고3 〈3개년〉

[회] 리얼 오리지널 모의고사 답안지

② 교시 수학 영역

결시자 확인 (수험생은 표기하지 말것.)

검은색 컴퓨터용 사인펜을 사용하여
수험번호란과 옆란을 표기   ○

※ 문제지 표지에 안내된 필적 확인 문구를 아래
'필적 확인란'에 정자로 반드시 기재하여야 합니다.

필 적	
확인란	

성 명

수 험 번 호

문형

홀수형 ○

짝수형 ○

※문제의
문형을
확인 후
표기

감독관 확인

(수험생은 표기
하지 말것)

(서 명
또는
날 인)

본인 여부, 수험번호 및
문형의 표기가 정확한지
확인, 옆란에 서명 또는
날인

공 통 과 목		
문번	답 란	문번	답 란
1	① ② ③ ④ ⑤	11	① ② ③ ④ ⑤
2	① ② ③ ④ ⑤	12	① ② ③ ④ ⑤
3	① ② ③ ④ ⑤	13	① ② ③ ④ ⑤
4	① ② ③ ④ ⑤	14	① ② ③ ④ ⑤
5	① ② ③ ④ ⑤	15	① ② ③ ④ ⑤
6	① ② ③ ④ ⑤		
7	① ② ③ ④ ⑤		
8	① ② ③ ④ ⑤		
9	① ② ③ ④ ⑤		
10	① ② ③ ④ ⑤		

※ 단답형 답란 표기방법

- 십진법에 의하되,
  반드시 자리에 맞추어 표기
- 정답이 한 자리인 경우
  일의 자리에만 표기하거나,
  십의 자리에 ⓪을 표기하고
  일의 자리에 표기

※ 예시
- 정답 100 → 백의 자리 ①,
  십의 자리 ⓪, 일의 자리 ⓪
- 정답 98 → 십의 자리 ⑨,
  일의 자리 ⑧
- 정답 5 → 일의 자리 ⑤,
  또는 십의 자리 ⓪, 일의
  자리 ⑤

16번 (백 십 일)
17번 (백 십 일)

18번 19번 20번 21번 22번 (백 십 일)

선 택 과 목

문번	답 란
23	① ② ③ ④ ⑤
24	① ② ③ ④ ⑤
25	① ② ③ ④ ⑤
26	① ② ③ ④ ⑤
27	① ② ③ ④ ⑤
28	① ② ③ ④ ⑤

29번 (백 십 일)
30번 (백 십 일)

리얼 오리지널 | 고3 〈3개년〉

※ 절취선

[회] 리얼 오리지널 모의고사 답안지

② 교시 수학 영역

※ 답안지 작성(표기)은 반드시 검은색 컴퓨터용 사인펜만을 사용하고, 연필 또는 샤프 등의 필기구를 절대 사용하지 마십시오.

결시자 확인 (수험생은 표기하지 말것.)

검은색 컴퓨터용 사인펜을 사용하여
수험번호란과 옆란을 표기   ○

※ 문제지 표지에 안내된 필적 확인 문구를 아래
'필적 확인란'에 정자로 반드시 기재하여야 합니다.

필 적	
확인란	

성 명

수 험 번 호

문형

홀수형 ○

짝수형 ○

※문제의
문형을
확인 후
표기

감독관 확인

(수험생은 표기
하지 말것)

(서 명
또는
날 인)

본인 여부, 수험번호 및
문형의 표기가 정확한지
확인, 옆란에 서명 또는
날인

공 통 과 목		
문번	답 란	문번	답 란
1	① ② ③ ④ ⑤	11	① ② ③ ④ ⑤
2	① ② ③ ④ ⑤	12	① ② ③ ④ ⑤
3	① ② ③ ④ ⑤	13	① ② ③ ④ ⑤
4	① ② ③ ④ ⑤	14	① ② ③ ④ ⑤
5	① ② ③ ④ ⑤	15	① ② ③ ④ ⑤
6	① ② ③ ④ ⑤		
7	① ② ③ ④ ⑤		
8	① ② ③ ④ ⑤		
9	① ② ③ ④ ⑤		
10	① ② ③ ④ ⑤		

※ 단답형 답란 표기방법

- 십진법에 의하되,
  반드시 자리에 맞추어 표기
- 정답이 한 자리인 경우
  일의 자리에만 표기하거나,
  십의 자리에 ⓪을 표기하고
  일의 자리에 표기

※ 예시
- 정답 100 → 백의 자리 ①,
  십의 자리 ⓪, 일의 자리 ⓪
- 정답 98 → 십의 자리 ⑨,
  일의 자리 ⑧
- 정답 5 → 일의 자리 ⑤,
  또는 십의 자리 ⓪, 일의
  자리 ⑤

16번 (백 십 일)
17번 (백 십 일)

18번 19번 20번 21번 22번 (백 십 일)

선 택 과 목

문번	답 란
23	① ② ③ ④ ⑤
24	① ② ③ ④ ⑤
25	① ② ③ ④ ⑤
26	① ② ③ ④ ⑤
27	① ② ③ ④ ⑤
28	① ② ③ ④ ⑤

29번 (백 십 일)
30번 (백 십 일)

리얼 오리지널 | 고3 〈3개년〉

※ 답안지 작성(표기)은 반드시 검은색 컴퓨터용 사인펜만을 사용하고, 연필 또는 샤프 등의 필기구를 절대 사용하지 마십시오.

② 교시 수학 영역

결시자 확인 (수험생은 표기하지 말것.)

검은색 컴퓨터용 사인펜을 사용하여 수험번호란과 옆란을 표기   ○

※ 문제지 표지에 안내된 필적 확인 문구를 아래 '필적 확인란'에 정자로 반드시 기재하여야 합니다.

필 적 확인란

성 명

수 험 번 호

문형
홀수형 ○
짝수형 ○

※문제의 문형을 확인 후 표기

감독관 확인 (수험생은 표기하지 말것)   서 명 또는 날 인   본인 여부, 수험번호 및 문형의 표기가 정확한지 확인, 옆란에 서명 또는 날인

공 통 과 목

문번	답 란	문번	답 란
1	① ② ③ ④ ⑤	11	① ② ③ ④ ⑤
2	① ② ③ ④ ⑤	12	① ② ③ ④ ⑤
3	① ② ③ ④ ⑤	13	① ② ③ ④ ⑤
4	① ② ③ ④ ⑤	14	① ② ③ ④ ⑤
5	① ② ③ ④ ⑤	15	① ② ③ ④ ⑤
6	① ② ③ ④ ⑤		
7	① ② ③ ④ ⑤		
8	① ② ③ ④ ⑤		
9	① ② ③ ④ ⑤		
10	① ② ③ ④ ⑤		

※ 단답형 답란 표기방법

- 십진법에 의하되, 반드시 자리에 맞추어 표기
- 정답이 한 자리인 경우 일의 자리에만 표기하거나, 십의 자리에 ⑩을 표기하고 일의 자리에 표기

※ 예시
- 정답 100 → 백의 자리 ①, 십의 자리 ⑩, 일의 자리 ⑩
- 정답 98 → 십의 자리 ⑨, 일의 자리 ⑧
- 정답 5 → 일의 자리 ⑤, 또는 십의 자리 ⑩, 일의 자리 ⑤

16번 / 17번 / 18번 / 19번 / 20번 / 21번 / 22번 (백 십 일 표기란)

선 택 과 목

문번	답 란
23	① ② ③ ④ ⑤
24	① ② ③ ④ ⑤
25	① ② ③ ④ ⑤
26	① ② ③ ④ ⑤
27	① ② ③ ④ ⑤
28	① ② ③ ④ ⑤

29번 / 30번 (백 십 일 표기란)

절취선

[회] 리얼 오리지널 모의고사 답안지

※ 답안지 작성(표기)은 반드시 검은색 컴퓨터용 사인펜만을 사용하고, 연필 또는 샤프 등의 필기구를 절대 사용하지 마십시오.

② 교시 수학 영역

결시자 확인 (수험생은 표기하지 말것.)

검은색 컴퓨터용 사인펜을 사용하여 수험번호란과 옆란을 표기   ○

※ 문제지 표지에 안내된 필적 확인 문구를 아래 '필적 확인란'에 정자로 반드시 기재하여야 합니다.

필 적 확인란

성 명

수 험 번 호

문형
홀수형 ○
짝수형 ○

※문제의 문형을 확인 후 표기

감독관 확인 (수험생은 표기하지 말것)   서 명 또는 날 인   본인 여부, 수험번호 및 문형의 표기가 정확한지 확인, 옆란에 서명 또는 날인

공 통 과 목

문번	답 란	문번	답 란
1	① ② ③ ④ ⑤	11	① ② ③ ④ ⑤
2	① ② ③ ④ ⑤	12	① ② ③ ④ ⑤
3	① ② ③ ④ ⑤	13	① ② ③ ④ ⑤
4	① ② ③ ④ ⑤	14	① ② ③ ④ ⑤
5	① ② ③ ④ ⑤	15	① ② ③ ④ ⑤
6	① ② ③ ④ ⑤		
7	① ② ③ ④ ⑤		
8	① ② ③ ④ ⑤		
9	① ② ③ ④ ⑤		
10	① ② ③ ④ ⑤		

※ 단답형 답란 표기방법

- 십진법에 의하되, 반드시 자리에 맞추어 표기
- 정답이 한 자리인 경우 일의 자리에만 표기하거나, 십의 자리에 ⑩을 표기하고 일의 자리에 표기

※ 예시
- 정답 100 → 백의 자리 ①, 십의 자리 ⑩, 일의 자리 ⑩
- 정답 98 → 십의 자리 ⑨, 일의 자리 ⑧
- 정답 5 → 일의 자리 ⑤, 또는 십의 자리 ⑩, 일의 자리 ⑤

16번 / 17번 / 18번 / 19번 / 20번 / 21번 / 22번 (백 십 일 표기란)

선 택 과 목

문번	답 란
23	① ② ③ ④ ⑤
24	① ② ③ ④ ⑤
25	① ② ③ ④ ⑤
26	① ② ③ ④ ⑤
27	① ② ③ ④ ⑤
28	① ② ③ ④ ⑤

29번 / 30번 (백 십 일 표기란)

리얼 오리지널 | 고3 〈3개년〉

※ 답안지 작성(표기)은 반드시 검은색 컴퓨터용 사인펜만을 사용하고, 연필 또는 샤프 등의 필기구를 절대 사용하지 마십시오.

② 교시 수학영역

결시자 확인 (수험생은 표기하지 말것.)

검은색 컴퓨터용 사인펜을 사용하여 수험번호란과 옆란을 표기

※ 문제지 표지에 안내된 필적 확인 문구를 아래 '필적 확인란'에 정자로 반드시 기재하여야 합니다.

필 적
확인란

성 명

수 험 번 호

문형
홀수형 ○
짝수형 ○

※문제의 문형을 확인 후 표기

감독관 확인
(수험생은 표기 하지 말것)
(서 명 또는 날 인)
본인 여부, 수험번호 및 문형의 표기가 정확한지 확인, 옆란에 서명 또는 날인

공 통 과 목

문번	답 란	문번	답 란
1	① ② ③ ④ ⑤	11	① ② ③ ④ ⑤
2	① ② ③ ④ ⑤	12	① ② ③ ④ ⑤
3	① ② ③ ④ ⑤	13	① ② ③ ④ ⑤
4	① ② ③ ④ ⑤	14	① ② ③ ④ ⑤
5	① ② ③ ④ ⑤	15	① ② ③ ④ ⑤
6	① ② ③ ④ ⑤		
7	① ② ③ ④ ⑤		
8	① ② ③ ④ ⑤		
9	① ② ③ ④ ⑤		
10	① ② ③ ④ ⑤		

※ 단답형 답란 표기방법

• 십진법에 의하되, 반드시 자리에 맞추어 표기
• 정답이 한 자리인 경우 일의 자리에만 표기하거나, 십의 자리에 ⓪을 표기하고 일의 자리에 표기

※ 예시
• 정답 100 → 백의 자리 ①, 십의 자리 ⓪, 일의 자리 ⓪
• 정답 98 → 십의 자리 ⑨, 일의 자리 ⑧
• 정답 5 → 일의 자리 ⑤, 또는 십의 자리 ⓪, 일의 자리 ⑤

선 택 과 목

문번	답 란
23	① ② ③ ④ ⑤
24	① ② ③ ④ ⑤
25	① ② ③ ④ ⑤
26	① ② ③ ④ ⑤
27	① ② ③ ④ ⑤
28	① ② ③ ④ ⑤

16번, 17번, 18번, 19번, 20번, 21번, 22번, 29번, 30번 (백 십 일 표기란)

리얼 오리지널 I 고3 〈3개년〉

✂ 절취선

[회] 리얼 오리지널 모의고사 답안지

※ 답안지 작성(표기)은 반드시 검은색 컴퓨터용 사인펜만을 사용하고, 연필 또는 샤프 등의 필기구를 절대 사용하지 마십시오.

② 교시 수학영역

결시자 확인 (수험생은 표기하지 말것.)

검은색 컴퓨터용 사인펜을 사용하여 수험번호란과 옆란을 표기

※ 문제지 표지에 안내된 필적 확인 문구를 아래 '필적 확인란'에 정자로 반드시 기재하여야 합니다.

필 적
확인란

성 명

수 험 번 호

문형
홀수형 ○
짝수형 ○

※문제의 문형을 확인 후 표기

감독관 확인
(수험생은 표기 하지 말것)
(서 명 또는 날 인)
본인 여부, 수험번호 및 문형의 표기가 정확한지 확인, 옆란에 서명 또는 날인

공 통 과 목

문번	답 란	문번	답 란
1	① ② ③ ④ ⑤	11	① ② ③ ④ ⑤
2	① ② ③ ④ ⑤	12	① ② ③ ④ ⑤
3	① ② ③ ④ ⑤	13	① ② ③ ④ ⑤
4	① ② ③ ④ ⑤	14	① ② ③ ④ ⑤
5	① ② ③ ④ ⑤	15	① ② ③ ④ ⑤
6	① ② ③ ④ ⑤		
7	① ② ③ ④ ⑤		
8	① ② ③ ④ ⑤		
9	① ② ③ ④ ⑤		
10	① ② ③ ④ ⑤		

※ 단답형 답란 표기방법

• 십진법에 의하되, 반드시 자리에 맞추어 표기
• 정답이 한 자리인 경우 일의 자리에만 표기하거나, 십의 자리에 ⓪을 표기하고 일의 자리에 표기

※ 예시
• 정답 100 → 백의 자리 ①, 십의 자리 ⓪, 일의 자리 ⓪
• 정답 98 → 십의 자리 ⑨, 일의 자리 ⑧
• 정답 5 → 일의 자리 ⑤, 또는 십의 자리 ⓪, 일의 자리 ⑤

선 택 과 목

문번	답 란
23	① ② ③ ④ ⑤
24	① ② ③ ④ ⑤
25	① ② ③ ④ ⑤
26	① ② ③ ④ ⑤
27	① ② ③ ④ ⑤
28	① ② ③ ④ ⑤

16번, 17번, 18번, 19번, 20번, 21번, 22번, 29번, 30번 (백 십 일 표기란)

리얼 오리지널 I 고3 〈3개년〉